カフェが街をつくる。そして、社会をつくる。

THE POSSIBILITIES FOR THE TRI-SECTOR
CENTERED AROUND THE CAFÉ

入川ひでと
IRIKAWA HIDETO

CROSSMEDIA PUBLISHING

WIRED CAFE

［東京都渋谷区／キャットストリート］

コンセプトはサブカルチャー。
キャットストリートに新たな価値を

カフェブームの先駆けとなった伝説のカフェ。
10坪の敷地だとは感じさせない空間を
うまく利用し洗練された雰囲気。

SUS

［東京都渋谷区／東急東横線渋谷高架下］

高架下が育てるコミュニティ。
そこには文化が生まれる

ITベンチャー企業の若者を中心に
ヘルシーな食事と快適な空間を提供。
陰気な高架下のイメージを払拭した。

ARK HiLLS CAFÉ

［東京都港区／アークヒルズ内］

多種多様な文化が混じり合う、交流の場

近隣のハイエンドな人々のお眼鏡にかなう、
国際色豊かなイベントが開催されている。

Royal Garden Café

［東京都港区／青山］

こだわりぬいた世界観でロイヤルグループの新たなスタイルを提供

2008年に一号店として誕生。
外苑いちょう並木にあり、店内からは
四季折々の景色が一望できる。

研究者やクリエーターが共に刺激し合う
ビジネスラウンジ&カフェ。

The WAREHOUSE RIVER CAFÉ AND DINING

［神奈川県川崎市／殿町］

遊び方も、働き方も、すべてが変わる、次世代の体験型商業施設

The WAREHOUSE内にあるライフスタイルカフェ。
こだわりのフレンチや本場のグリル料理などを
楽しむことができる。

TREX CHIGASAKI OCEAN VILLAGE

［神奈川県茅ヶ崎市／ GDO茅ヶ崎ゴルフリンクス内］

ゴルファーや地域住民や観光の人にも開かれた、今までにないゴルフ場

開放感のある店内では
地元の食材を使った食事を楽しむことができ、
さまざまなシーンに利用できる。

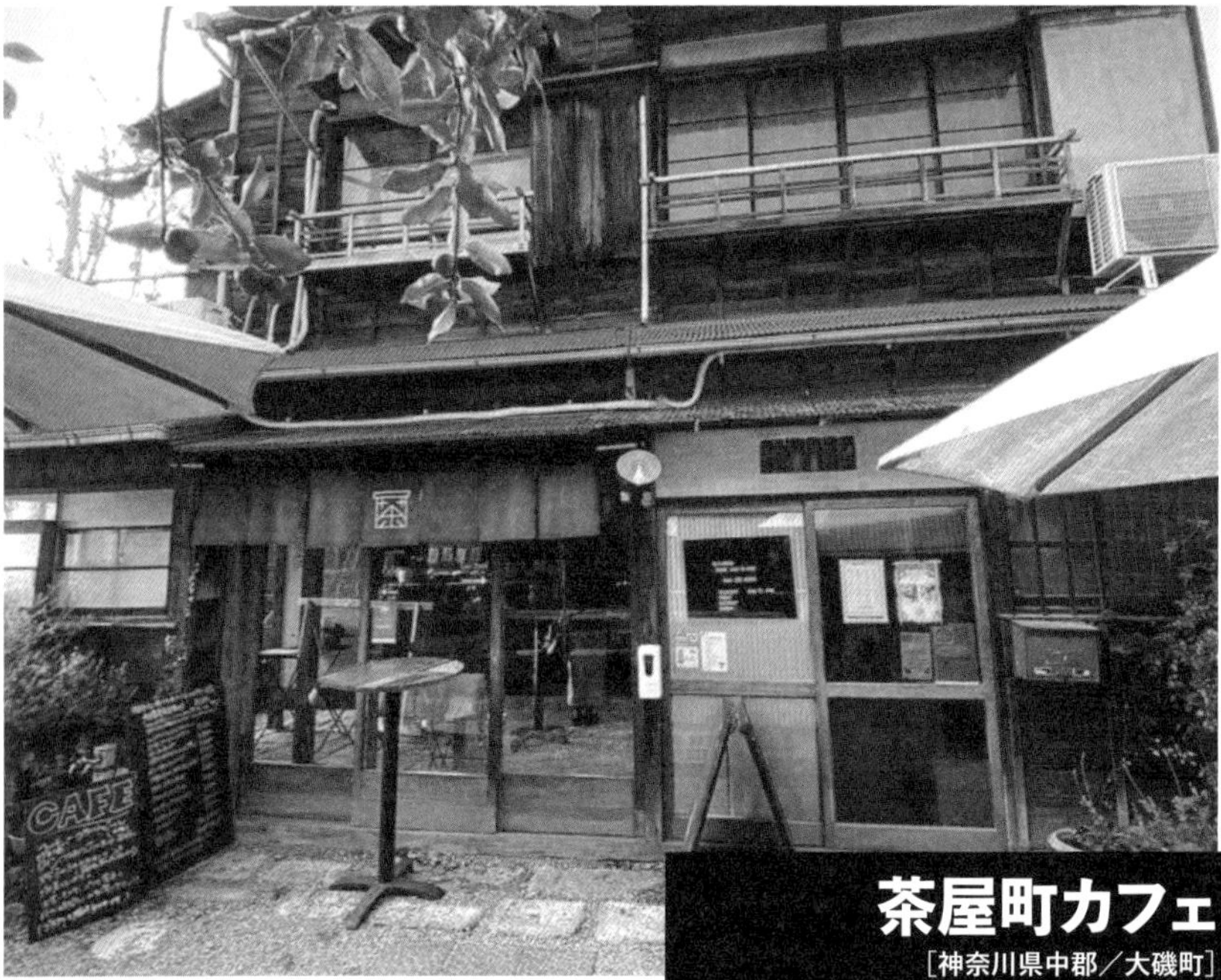

茶屋町カフェ

［神奈川県中郡／大磯町］

古民家をリノベーションしたカフェは
地域コミュニティの中心

カフェのメニューは地産地消に加え、
フードロスへの取り組みも積極的にしている。

高架下を次代に導く「リアル・モトコー体験施設」。
多数の地元アーティストやクリエイターが参加し話題。

モトコーミュージアム

［兵庫県神戸市／元町高架下］

戦後復興の狼煙として活躍した
モトコー商店街が束の間のアート空間に

今井書店

［鳥取県米子市／錦町］

ライフスタイル提案型の
新しいコンセプトのBook&Cafe

地元の人が自然と集まり、
地域コミュニティが活性化。

はじめに

カフェといっても様々な店があります。レストランと違って何を出してもいいし、営業時間もバラバラで、ルールみたいなものはありません。それゆえ、いろいろと個性豊かなカフェが誕生しています。

僕のつくってきた店にも、同じ店はありません。人を読み、街を読み、そこからコンセプトをつくるという作業は共通していますが、完成するお店は様々です。

大切なのは、出店するエリアの人たちを徹底的に観察して、彼らが必要とするお店をつくること。立地はもちろん、ターゲットのお客さんに合わせて、メニューをつくり、デザインをして、営業時間を決めます。さらに彼らが必要とする機能を提供します。そのことによって、ひとりのお客さんが1日に2回も来てしまうような使い勝手のいいお店になれるのです。

一人ひとりが、自発的に、かしこまらずに、楽しく集まる場所。毎日でも気軽に訪れたくなるような心地よい場所。仲間との関係がさらに深くなって、より広く、よりクリエイティブな相互作用が生まれたり、地域の活動に参加できたりするような場所をカフェは提供できるでしょうし、それが実現できると信じて僕は仕事をしてきました。

日本でも、僕が10代だった頃、地域にはたくさん喫茶店があって、事情通の親切でちょっとおせっかいなマスターがいたりと、人が集まる場所がありました。地元に根づいたバーや居酒屋もそうした場所でした。井戸端会議や誰かの家の縁側でおしゃべりなんていうのも、実は地域の活力の源泉となる場所だったのかもしれません。

残念ながら都市化が進み、大家族から核家族に変化したことによって近所付き合いも減り、そうした機会と場所が随分なくなってしまいました。

自宅でもない、職場でもない、自分が自分でいられる場所。そこはいつ誰とでも訪れることができて、多様な使い方ができる場所でなければならないと僕は考えています。

10坪15席という小さな「ワイヤードカフェ原宿」からスタートした僕のカフェづくりは、今では県や市、都市開発企業や鉄道会社などと一緒になって進めるプロジェクトにまでなりました。

前著の『カフェが街をつくる』から10年以上が経ち、カフェのあり方や僕が携わっているプロジェクトの規模、そして社会も大きく変化しました。

これまで様々なカフェを手がけてきましたが、アプローチの仕方や心がけ、哲学は変わっていません。

以前はサードプレイスとして家や職場ではないもうひとつの居場所としてコミュニティを醸成していたカフェが、今は社会の課題に向き合いながら官民をつなげる役割を担っています。

ビジネスセクターの人たちと一緒になって近隣住民参加型のイベントなどを企画して、地域のコミュニティをつくっています。

お金が目的ではないNPOセクターのような側面を持ち、街の清掃やフードバンクなどの取り組みをカフェが中心になってしてしています。昔は当たり前のようにあった子ども会や町内会のような、街がそれぞれ持つコミュニティを、僕は「土地の記憶」と言っていますが、それらを今カフェが担っているのです。

「カフェが街をつくる」というのは、コミュニティやハードをつくるものでしたが、「カフェが社会をつくる」とは、県や市といった行政、社会のインフラをつくる総合建築業、そしてその地域の企業とともにその街の未来を良くするために社会の課題に取り組んでいくことです。これからはますます地域社会というコミュニティが大切になっていくでしょう。

社会はローカリズムへとシフトしていくと思います。

地域社会や地域のつながりを大事にしていく。昔は画一化や均一化することで発達してきましたが、このままの資本主義のやり方では続けられないと、みんなが気づき始めています。

その人らしくそれぞれが生きていくためにはどうすればいいのか、どう社会の課題や問題と向き合えばいいのか。その課題や問題解決をカフェが街づくりの中でしています。その土地が持つ固有の匂いや土地の記憶、地域が持っている手触り感やルールといったものを読むという昔から僕がしていることは変わりません。規模が大きくなり、行政や企業との方々とも力を合わせていくことも増えました。

それぞれの地域が持つ役割はそれぞれ違います。僕がしていることはその土地の暮らし方や住み方を可視化すること。その土地が持つ記憶を読むこと。カフェはコミュニティをつくり、街をつくり、地域や社会の課題を解決します。それをこの本で伝えたいと思います。

第2章 カフェをビジネスにする

第3章 その場所の新しい価値を見出す

第4章 話題のカフェはこうつくられた

第5章 カフェが街をつくる

第 1 章

人を読む、
街を読む

Chapter 1

Watch the people and the towns

THE POSSIBILITIES FOR THE TRI-SECTOR CENTERED AROUND THE CAFÉ

カフェづくりは街づくり

まずは徹底した観察

僕らがカフェの出店を検討する際に徹底する作業は、人と街をとことん観察することです。どんな人が住んでいて、どんな人が働いているのか、３００ミリの望遠レンズをつけた一眼レフを使い、大量に撮影します。平日と週末、朝、昼、午後、夕方など、時間帯と曜日を区切って、性別、年齢、職業、ファッション、持ち物……と、頭のてっぺんから爪の先まで観察することで、徐々にターゲットを絞っていくのです。

そのためにまず、駅前の人びと、物件周辺の人びと、商業施設周辺の人びとを徹底して観察します。その延長線上で、昔、住宅地のゴミ箱漁りまでしたこともあります。そこの人びとの生活を知るためだったのですが、今なら捕まっちゃいますね。

次に、地図を見ながら立地を確認していきます。駅から近いのか遠いのか、周辺の飲食店、コンビニ、レンタルショップなどの配置、どんな店があり、どんな商圏なのかをリサーチするのです。

こうしたアプローチは、僕が20代のときに仕事をしていたダイエーで身につけたもの。ダイエーには全国各地へ出店する際に、その土地に合わせた店舗開発を考える部署がありました。僕は中内功というカリスマのもとでその手法を学んだのです。

ダイエー時代の上司は、色の指定をマンセル値［注❶］でするような人で、抽象的なことは一切言いませんでした。イメージや固定観念に囚われず、あくまで客観的にその土地を調査する。そういう姿勢が、カフェを出店する際も必要になってくるのです。

地域に合うようにカスタマイズ

ちょうど1980年にダイエーが業界初の1兆円を突破し、拡大の一途を遂げていた頃です。僕は主に500坪規模の食品スーパーマーケットを展開する際の現地でのリサーチ、説明会、出店を担当し、全国を回っていました。

商圏とその人口の規模を鑑みて店舗の床面積を決定する段階から担当につき、その商圏に住む人たちの情報感度や嗜好性を調べました。どんな環境、どんなデザインで店を展開すればいいのかを知るためです。

たとえば住居にしても、新築の家が多いのか、コンサバで古い家に住んでいる人が多いのか、プレハブ住宅を買ったばかりなのか、などです。

もしマンションが新しく建っていれば、住環境が開発によって変化していく可能性もリサーチしました。さらには、そこに住む人びとが買い物をするのにどんなルートをたどるのか、商店街にはどんなお店があるのか、普段住人は商店街を利用するのか、移動手段は徒歩か、車か、それともバスか、といった様々な視点から、ターゲットの人びとを徹底的に観察した上で、お店づくりをします。

もちろん、スーパーマーケットのダイエーですから、合理性やコストを追求して統一するところも多いのですが、その土地のお客さんに好きになってもらうため、少し変化をつけることも必要です。デザインをカスタマイズし、陳列の仕方を変えてひと工夫をするのが、店づくりの大事なポイントでした。

たとえば、ワンパックに入れるきゅうりの数を何本にするかが、実はとても重要だったりします。DINKS［注❷］が多い地域ではワンパック2本、三世代が一緒の家に暮らすような大所帯が多い地域では量り売りにするなど、ターゲットとなるお客さんの世帯構成によって、売り方を変えなければなりません。きゅうりひとつとっても、ちゃんとしたリサーチができていないと商品を並べることすらできないのです。

また、売り場や商品のパッケージも、地域の人びとに合わせることが必要です。たとえば、住民が少し若いのであれば、デザインはおしゃれに見えるようにします。もし、ターゲットがどちらかといえば保守的なお客さんであれば、青果の売り場をグリーンにすると安心感を与えられます。青果売場はグリーン、日配食品［注❸］は黄色、鮮魚はブルー。海が近ければ浮きや網を使ったり、山あいであれば木材を使って暖かい色にします。

県民性を読むために、辺りの住宅の瓦の色を観察し、アースカラーで紙袋の色調を統一したこともありました。画一化するのではなく、地域に馴染んだ色を使う工夫をしたのです。

当時は先進性を強調するために、売り場で英語のサインボードを多用していたこともありました。果物売り場をFRUITS、野菜売り場をVEGETABLEなどと表記して、無理矢理におしゃれな雰囲気を出そうとしていましたが、保守的な土地では受け入れられないだろうからと、地域によっては日本語で表示することもありました。やはり地域に密着した店づくりが必要なのです。

スタイル分析

その頃なぜダイエーがそれほどまでに「地域ごとのカスタマイズ」を重視していたかというと、「全国で同じモノを食べるわけがない」という考えが根底にあったからです。今の小売りの世界は、ファストファッションに代表されるように、世界中で同じような店を展開する時代ですが、ダイエーの方針はそれと真逆でした。

たとえば、沖縄では本州のアジはとれないし、鯛といえばフエフキダイなので、本州と同じ写真は使えません。

ダイエーが標榜していたのはワンストップショッピングです。どんな食品でも衣料雑貨でも揃えて、一回の買い物で用事を済ませてもらおうとしたのです。

冷蔵庫が普及し、どんどん大きくなっていった時代です。アメリカを手本として、毎日のように買い物するのではなく、週に1回ショッピングカートいっぱいに買い、空いた時間を趣味などにあてて、より生活を豊かにするライフスタイルを提案したのでした。当時はいいものを展開しているという自負がありましたが、一方で商店街が寂れてしまうというのも、心のどこかでひっかかっていました。

全国を飛び回って、地域ごとにどんな人がいて、これからどんな変化要因があるかという「街を読む作業」を9年間やり続けました。このおかげで、カフェの出店でも、街と人を徹底的に観察することからアプローチする手法を編み出すことができました。人口動態や世代調査のような定量分析だけでは意味がないとわかったのです。

様々な場所で、多様な人の多様な生活がある。だから、どんな店をつくれるのか、選択肢は無数にあります。ダイエー時代の経験により、独自の分析手法を身につけることができました。

僕が地域に合う店づくりの中で見つけたのは、スタイル分析です。どんな人が住み、どんな服を着て、どんな装いをして、どんな犬を連れてくるのか。それをマスマーケットの中で分析することです。

僕たちの集客・接客

僕たちのアピール方法

いざ出店となったら、まずみんなで交番に挨拶に行きます。交番と聞いて、意外に思うことでしょう。その理由は地元に根づくため、そしてチラシを配るためです。この場所に出店しますので、チラシをここにとあそこで配りますという報告をしておくわけです。

オープニングの2週間前からは特に力を入れます。地元にアピールすることが大切です。街の調査は出店前に済んでいますから、それに基づいて、動線を見てマッピング［注❹］し、チラシを配る場所を検討します。

チラシそのものも効果的ですが、開店前から2週間ほど同じカフェのユニフォームで毎日同じ場所に立っているということが最大のアピールポイントとなります。配布するスタッフも街の人びととときちんと向き合うことができるので、改めて街を観察する貴重な機会にもなります。地元密着型のお店を目指しているので、テレビや雑誌は必要ありません。遠くからわざわざ来てもらうことは望んでいないのです。

地域にもよりますが、1日2000枚くらいを1~2週間で配ります。ランチのドリンクサービスなど、よくあるクーポンを配る場合が多いのですが、デザインには非常に気を使います。センスが悪いと思われてはいけないからです。

開店前の宣伝活動としては、ひたすらチラシを配ることだけ。地道に、かつ徹底的に。これが僕たちのモットーです。

また、口コミという側面では、これまで出店しているカフェのお客さんを大事にしなければなりません。カフェを利用してくれて、なおかつ話題をつくってくれるような人が理想です。カフェのオープニングに、他のカフェの常連さんに足を運んでもらい、新しいカフェの魅力を口コミで伝えてもらうことは、とても大きな宣伝効果があります。

同時に、カフェでの告知・掲示も大事です。〝こんな朝活で利用してもらいました〟〝こんな展示をしてもらいました〟〝こんなプロモーションで使ってもらいました〟といった事例をどんどん発信することで、お客さんの生活をサポートできるカフェのイメージをアピールするのです。しかし、あくまでも話題を提供する主体はお客さんでありお店ではないので、お客さんを何よりも大切にしなければなりません。効果的なPRのためには、こうしたことが重要です。

同じ目線になる

お客さんと従業員の関係は大切です。

だからといって高級レストランのような上質なサービスを提供するのではなく、気軽にくつろぐことができ、コミュニケーションがとれるような環境をつくるように意識することです。

例を挙げると、あえて読みにくい字で手描きの黒板におすすめを書いたりします。お客さんに、「これ何?」と問いかけてもらえるよう仕掛けるのです。毎日来てくれるので、挨拶は「いらっしゃいませ」ではなく「こんにちは」です。

お客さんと従業員の目線がフラットになる数少ない業態こそがカフェである、というのが僕の持論です。

レストランだったら、お客さんは多少身構えてシェフやお店をリスペクトしますよね。ですから、料理以外にサービスも重要で、どんなに味がよくてもフロアのサービスが悪いと減点されます。

カフェのサービスが悪くていいというわけではありませんが、僕の考える理想のカフェは「ないと困る」機能を持ち、リピーターとなっているお客さんが多い場所です。だから、1日に2回来たら、「暇なの?」と友だちのような会話をします。

カフェにできることは、飲食のメニューとコミュニケーションの場を提供するだけにとどまりません。打ち合わせに使いたい、イベントをやりたい、PRの場にしたい、情報を集めたいなど、お客さんの悩みや課題を解決することもできるのです。

仮に僕らのカフェの隣に喫茶店『ルノアール』があったとしても、うちのお客さんはルノアールには行かないでしょう。僕らのカフェと僕らのカフェの従業員を必要としてくれているからです。時間も環境も設計の一部になっていることが大事になります。

たとえばスターバックスコーヒーに1日2回行っても、そこのスタッフは「また来たの？」とは言わないでしょう。僕たちの店だとしたら、それがいいのです。2回目に「また来たの？」と言える関係をつくることができるのが、僕のカフェです。生活を共有してはじめて言える言葉なのです。

カフェの接客は、洋服店などのショップとはまったく違います。たとえば洋服店なら、セールスの基本は、絶対買わない冷やかしのお客さんと、買うと決めてきたお客さんをまず見分けることです。次に買おうか迷っている人にいかに高い確率で売るかを考えなければなりません。

カフェには冷やかしも迷っている人も来ません。店に入った以上は、コーヒーぐらいは頼みます。当然買うに決まっているのです。

ですから、売上ではないプラスαのサービスとして、おすすめのメニュー、コミュニケーションの場、悩みや課題を解決する機能などを備えた店づくりができるのです。カフェには勝負所がたくさんある、といえます。

僕たちスタッフがカフェの常連のお客さんと関係を築くことができれば、情報交換をするようになります。お客さんが近所に頼りになる親戚ができたように思ってくれることが、僕の理想です。

よく来るお客さんがいつも6人で打ち合わせしているなら、その時間にテーブルセットをしておいたり、またあるときは、「〇〇さんが打ち合わせに来てますよ」と電話で連絡することまでありました。まるで、一緒に働く仲間のようでした。

ですので、従業員にとって一番大事なのは、しょっちゅう来るお客さんと仲良くなること。きっかけはメニューの説明や、黒板の汚い字でもいい。「なにこれ?」と、話しかけてもらうことです。また、イベントをやると、本当にお客さんと仲良くなれるので、機会があれば開催することをおすすめします。

カフェで働きたいという近頃のスタッフの中には、お客さんと近いところで、いろいろコミュニティをつくりたいという意識の高い人たちが増えています。これは画期的なことです。

僕らの店で一緒に働いてもらって、彼らや彼女たちが将来、地元や好きな街に行ってカフェを始めてくれたらいいなあと真剣に思っています。

コミュニティ・ハブとローカル・サポート

コミュニティの拠点になる

さてカフェをつくり、サード・プレイス［注❺］として利用するために地域の人びとが集まってくるようになると、カフェはそれぞれの人の活動の拠点として機能しはじめるようになります。人びとが集まれば、情報も集まる。カフェには雑誌やローカルな情報紙があったり、インターネットに繋がったPCがあったり、掲示板があって情報を掲載できたりするといいでしょう。人が集まる場としてカフェが機能していけば、新たな文化の創造や発信へ繋がっていきます。コミュニティにおいて、そういった機能が期待できるのが、拠点（＝ハブ）としてのカフェなのです。

サード・プレイスが、利用者や生活者の目線でつくられたものである一方、「コミュニティ・ハブ」は地域社会における機能を説明する際に重要なキーワードです。

僕らが実績の少ないスタートアップの頃に、東急電鉄や都民銀行をはじめとする企業の方々を説得する際には、コミュニティ・ハブというコンセプトを訴求しました。

街と繋がるローカル・サポート

そしてコミュニティにおけるハブとしてカフェが機能しはじめると、「ローカル・サポート」が本格化します。ちょっと堅苦しい響きですが、大げさに考えるものではありません。近所の人にちょっと役立つことから始めるのです。

たとえば、少しの間だけお子さんや荷物を預かる、自転車を置いてあげる。掲示板をつくり、そこで家庭教師や何か教えたい人が生徒を探したり、スポーツのメンバーを集めたりする。カフェの店員が一方的にサービスをするのではなく、顔なじみのお客さん同士で助け合ってもらうのです。

僕が素晴らしいと思ったカフェのひとつが、ロサンゼルスのシルバーレイクにあったザ・コーヒーテーブル[注❻]です。98年頃、車社会のロサンゼルス郊外の住宅地のど真ん中にあって、地元の人が集まっていました。友人とワイワイやっているグループ、1人で読書を楽しむ人やノートPCに向かって仕事をする人、勉強している学生など、その場にいる人たちは十人十色なのですが、どこか波長が合う感じがありました。佇まいは60年代の共産コミュニティや反戦の時代性を感じさせる雰囲気。入り口の正面に地域の情報を載せる掲示板があり、ヨガ教室やイベント情報、迷い猫の張り紙などがしてありました。従業員がフレンドリーに接してくれるばかりか、そこには文化的情報があり、クリエイターやDINKSが集まっているようでした。お客さん＝地元の人が集まることで生まれる場所の雰囲気が素晴らしいと思ったのです。

生活を豊かにするカフェ

ワイヤードカフェ原宿をスタートしたあと、こんなことがありました。

僕が原宿で買ったシャツのお直しをある店に頼んだら、カフェの裏側にある民家のおばちゃんが作業をしているのを偶然目にしたのです。そこのおばちゃんが縫製の仕事をしているのは気がついていたのですが、まさか近隣のそうした若者向けの店の下請けをやっているとは思いもしませんでした。元々縫製やお直しをしていた地元の人たちと、裏原宿にニューカマーとしてやってきた洋服の作り手が融合する。そんな機能を果たせるのが、ローカル・サポートなのではないかと考えたことをよく覚えています。共感を呼び、ビジネスを繋ぐ。街の思いが徐々に形になる。「若者が来て迷惑」ではなくて、元からいる住民も一緒に盛り上げていく。そうした融合がローカル・サポートのあるべき姿のひとつです。ロサンゼルスのカフェで目撃したことは日本でも起こりうる。日本でも近所の人が利用して伝播していく。やりたかったことや、やればみんなが少し便利になること、楽しかったりすることが自ずと生まれていく。近所の人に役立つこと、ビストロやバーにはできない機能を持つのがカフェであると思い至るようになりました。

話を戻しますが、生活を豊かにすることをサポートするのがカフェのローカル・サポートです。たとえば、朝市や地域清掃。地域のお祭りに積極的に参加すること。お客さんが主催した料理教室にお店を提供し、従業員も参加させてもらう。僕の考えるカフェは単に営業時間の長い居心地のいい飲食の場所にとどまるのではなく、集まる人々が出会い、ゆるやかにコミュニティを形成し、やがては文化を発信していくようなコミュニティ・ハブなのです。

[注❶]：マンセル値

色を定量的に表す体系である表色系のひとつ。色彩を色の三属性（色相、明度、彩度）によって表現する。マンセルシステムとも言う。アメリカの画家であるアルバート・マンセルが色を合理的に表現するためにつくった『A Color Notation』が基になっている。

[注❷]：DINKS

ダブル・インカム・ノー・キッズの略。夫婦ともに収入があり子どもがいないこと。一般に可処分所得が高い。

[注❸]：日配食品

豆腐、こんにゃく、納豆、牛乳など傷みやすい日常食品のこと。デイリーフーズとも言われる。生鮮食品のことは含まず、冷蔵が必要な食品のことを指す。

[注❹]：マッピング

地図作製。また、ある対象の分布や配置などを地図に重ね合わせて図示すること。

[注❺]：サード・プレイス

アメリカの社会学者レイ・オルデンバーグが1989年出版の『ザ・グレイト・グッド・プレイス』で提唱。ファースト・プレイス（家）、セカンド・プレイス（職場）に加えて、心の拠り所となる場（サード・プレイス）が社会的に重要な機能を担うと論じた。フランスのカフェやイギリスのパブなどを例として挙げた。

[注❻]：ザ・コーヒーテーブル

1号店がアート系の人びとが多く住んでいるロサンゼルスのシルバーレイクにあったが、再開発により2011年9月に閉店。現在は2号店のイーグルロック店のみ営業。

第 2 章

カフェをビジネスにする

Chapter 2

Start up a cafe business

カフェのバランスシート

ここでは、僕たちが開発するカフェのバランスシートについてご説明しましょう。飲食業界ではよく「FL値」というものが使われます。Fは材料費、Lは人件費を意味し、F（材料費）＋L（人件費）÷売上高＝FL比率です。

この値は、利益を左右する重要な指標で、FL比率が55%前後で上下するのが一般的と言われています。

これ以外に、賃料10%、初期投資の償却が10%、その他の経費10%を足して、粗利益が15%なら合格です。しかし、小規模な店が年間を通じてコンスタントに利益を出し、安定的に運営するのは、ハードルが高いことといえます。

外食産業年間売上約23兆円のうち、17兆円を占める小規模事業者ですが、なかなか小規模で続く店、成功する店は少ないのが現状です。このFL値をベースに考えると、普通はワイヤードカフェ原宿のような10坪の小さな店では、経営が成り立たないことになります。

では、僕たちのような小規模店舗がどうやって売上を確保してきたのか。

僕たちが開発する場合は、通常の飲食での売上を50％から60％を想定します。そして、飲食以外の40〜50％を、半分は企業関連からのリアルマーケティングの売上で、残りの半分はプロモーションやイベントの売上で運営するようにしています。

そのためには、お客様を待っていてはいけません。出店前から、じっくりと街を観察します。どんなプロフィールの、どんなライフスタイルの人がいるのか。そのライフスタイルに合ったカフェとはどんなものか。1週間に何回くらい来てもらえるのか、あるいは1日に2回来てもらえるのか？　と考えながら店づくりをするのです。

たとえば、店前通行量が多い一等地で、1日1000人の人が店の前を通るとします。20％の200人にコーヒーを売って売上をつくると考えるのではなく、ターゲットとなるこんな人が100人いるエリアだから、1日2回来てもらって200人の売上をつくる、と考えるのです。

カフェを使ったリアルマーケティング

飲食による利益以外の40〜50％のうち、半分は企業関連からのリアルマーケティングの売上で、半分はパーティーやイベントの売上で運営するというお話をしました。

僕たちのグループには、オペレーションのチームに加えて、Cプラス・ワンというチームがあります。Cはカフェの頭文字で、カフェのフィルターを使って企業の知りたい情報を吸い上げてフィードバックしたり、ターゲットに近い商品の発表会や展示会をしています。これが、他の店ではできないリアルマーケティングです。

大手コンサルティング企業の人がよく言うことですが、お金を払って、唐突にアンケートをしたところでよい結果は集まりません。けれども、毎日会うカフェの従業員が聞けば、ちゃんと教えてもらえます。ですので、非常に参考になる声が集められるのです。

僕の場合、ダイエーの時代から、出店の後もお客さんの声を聞いて改善点を探し、棚の位置、高さや商品の場所などについてマイナーチェンジを繰り返していました。

ダイエーの場合と同様に、カフェでもお客さんの声が不可欠です。よりよいお店づくりのために、出店前も後も、「人を読む」ことが必要なのです。お客さんの人柄や年収、趣味、その人に合う車や家、メーカー……など、様々なリサーチを怠らないようにします。

この情報収集を活用して、メーカーやサプライヤーに、商品の長所や短所をフィードバックすることができるのです。

僕たちのカフェがお客さんの声を伝えることで、企業もニーズのないものは開発しないで済みます。言い換えると、カフェというフィルターを通して、情報をお客さんに馴染むように伝えることが企業にとってのＰＲにもなり、ＣＳ（顧客満足度）の向上にも役立っているといえます。

THE POSSIBILITIES FOR THE TRI-SECTOR CENTERED AROUND THE CAFÉ

カフェのデザインで重視すべきこと

僕の考えるお店のデザインは、「日常」がキーワードです。レストランは誕生日や記念日にお洒落して、ハレの日に行きますよね。だから、非日常を演出するものとして、シャンデリアや見事なオブジェがしっくりきます。

一方でカフェは、普段着で毎日でも行けて、居心地がよく、くつろげる空間であってほしいと思うのです。はじめて行ってもすぐ馴染めるような、居心地のよさが大切なのです。

そのため店舗のデザインは、主張しすぎないものを集めます。気の利いたものを選ぶことはもちろんですが、飽きがこないように、華美なものや突出したものは置かないことを心がけています。ですから、僕たちの店では新たに椅子やテーブルをつくったりはしません。集めて、配置する選択自体が店舗デザインです。「なんとなく安心できるなあ」の集合体がお店のデザインなのです。

機能とデザインのバランスが重要

たとえば、椅子にフォーカスしてみると、30代に注文住宅をつくる仕事をする前から、僕には椅子になんとなく好き嫌いがありました。あとでいろいろなデザインやインテリアの本を読んでみたら、僕たちのカフェにマッチする椅子のほとんどが、ミッドセンチュリーのものでした。

ミッドセンチュリーとは、1950年代後半から70年代初めに生まれた、機能性とデザイン性を追求したスタイルです。たとえば、イームズのDCW、DKR、ラウンジチェア、サーリネンのチューリップチェア、ウームチェア、ベルトイアのダイヤモンドチェア、プラットナーのポロック・チェア。あとは、バウハウスの流れを組んだデンマークのヤコブセンのアントチェア、セブンチェア、スワンチェアなどです。

ミッドセンチュリーは、大量生産に通じる普遍的なデザインを持っています。それ以降のいわゆるポストモダンの製品は、デザインに傾きすぎて機能性を軽んじてしまったように感じます。しかし逆に、機能性だけを追求して、デザイン性を無視する製品でもダメなのです。大切なのは、毎日使っても飽きがこないデザインと、使い勝手のよさを持っているかどうかということです。

ミッドセンチュリーのデザインと機能性が合わさった製品は、僕たちのカフェが求めている「毎日でも行きたくなるなじみのカフェ」を象徴するものともいえるのです。

カフェのインテリアの話に戻りますが、たとえば椅子はそうした機能とデザインが両立したものが求められます。繰り返し使うものですから、壊れにくく、重すぎないという機能は必須です。目立ちすぎても困ります。テーブルや照明、内装も同じように、機能美とデザインが両立したものを集めて、心地よさや馴染みやすさを考えているのです。

THE POSSIBILITIES
FOR THE TRI-SECTOR
CENTERED AROUND THE CAFÉ

カフェビジネスを志す人へ伝えたいこと

何をしたくてカフェを開くのかを考える

僕はいつも、カフェをやりたい、カフェをビジネスにしたいと言う人に、ただ飲食業をやるつもりではダメだとアドバイスします。一般に素人が飲食業に転身するとき、カフェはチャレンジしやすいカテゴリーと考えられがちですが、それは間違っています。

カフェをやりたい人は、「飲食で成功したい」「素敵なインテリアの空間をつくりたい」「おいしいコーヒーを飲んでもらいたい」「得意のスイーツを出したい」「身体にいいゴハンを出したい」など、いろいろな思いを持って始めると思うのですが、それだけではなかなかうまくいきません。

カフェは飲食業のなかでも自由度が高いので、ワインやいろんな種類のコーヒーを出し

てもいいし、どんな料理、インテリア、器を選んでもいい。「こうすれば事業的にうまく回せる」という公式はありません。

ただし、コーヒーチェーンにお客さんとおしゃべりする店員がいないのとは対照的に、カフェではお客さんとのコミュニケーションを必要としますから、当然コストはかかります。カフェのビジネスは格好よく見えたりするようですが、はっきり言ってしまうと、実は難しいビジネスです。この本の中では成功した話を紹介していますが、その根本にあったものが何なのか、ここでお話しします。

僕がカフェを始めた原点は、言ってみればボランティア精神でした。地域のため、そこに住んでいる人のために、汚いところを綺麗にしよう。この街はポテンシャルがあるからもっとよくしよう。こういう思いが先にあったので、僕にとってのカフェはその目的を実現するための手段という面がありました。

こういった目的意識は、これからカフェを始める人にとっても大事だと思います。ただ単にカフェをやりたいからスタートするのではなく、何か目的があり、そのためにカフェをやる。このような信念がないと、すぐ挫折してしまうでしょう。

カフェは参入がしやすいことは確かですが、原価も手間もかかります。事業として続けることが簡単なわけではありません。飲食業で儲けたいだけであれば、カフェよりは蕎麦屋とか中華のほうが原価も抑えられていいでしょう。カフェを開く以上は、継続できる程度は利益を上げてほしいと思います。継続できなければ、コミュニティづくりや街づくりにも繋がりません。

カフェのビジネスがいい循環に入れるかどうかは、地域の望むものを提供できているか、という点に尽きると思います。お客さんに喜んでもらえれば、その人が自然と他のお客さんを連れてきます。地域のカラーをまったく考慮せずに自分のこだわりでおいしい料理をつくって、遠方のお客さんを呼んでもカフェとしては失格です。その場所で何をして、どんな人のニーズを満たすのかを定めなければ、たとえカフェを開いてもムダに終わるでしょう。その意味で、飲食としてカフェを捉えてはダメなのです。単なる飲食店という枠を飛び越えるような高い志がない限り、好循環は生まれないと思います。

少しハードルを上げてしまいましたが、カフェは次世代の飲食業を担う業態になると確信しています。

高度経済成長や円高の恩恵で、今の飲食業界は非常に発展しています。たとえば、ヨーロッパで修行したシェフが帰国してつくったレストランがミシュランで星をもらうこともあれば、あらゆる国のエスニック料理や、オーガニック料理もあります。しかしその一方で、小さな食堂は淘汰され、チェーン店が増えてきました。そういったお店は安く、味も一応はおいしいと思います。

でも、メニューは画一的で、レシピはひとつきりしかありません。昔あった食堂のようなお店は、生姜焼きならそれぞれお店によっていろんなレシピでそれぞれのおいしさがあったのです。

高度経済成長、バブルを経て、近頃の日本では低成長が前提となって画一的な価値観が変わってきました。すると、次に求められるのは、多様性なのです。

実際に、ボランティアをしたい、いらないものを捨ててシンプルに暮らしたい、自然の中で生活したいなど、人びとの価値観は多様化しています。しかしそれにもかかわらず、チェーン店をはじめとした飲食業は、画一化してしまっていると思うのです。

僕から見ると飲食出身の人はどうしても自分がつくりたいものが先行してしまうので、

地域のニーズを捉えていないことがあります。逆に料理にこだわりがなく、単に格好いいものを出したいだけの人も、うまくいきません。カフェは参入しやすいゆえに、出店しても自己満足で終わり、潰れてしまうお店が多いのです。

カフェは自由度が高いので、お金をかけないでできる業態です。洒落たインテリアにするだけではなく、知恵を出していい空間を演出してください。

今は地域の銀行や信用金庫で事業計画を話せば、お金を貸してくれる時代です。逆にいえば、高い志を持っていさえすれば、知恵しだいで成功する店をつくれる時代でもあるのです。

スタッフのマネジメント

従業員やアルバイトには、毎日のようにあなたの志を伝えていきましょう。

もちろん簡単に可視化できる売上や原価の話もします。しかしそれ以上に大切なのは、可視化できない自分たちの志を伝えることです。カフェは、最初の出足は鈍くても、お客さんの支援がもらえると安定するビジネスです。ですから、スタッフの一人ひとりに、オーナーの志が浸透していることがとても重要なのです。

スタッフには、お客さんからなぜ「ありがとう」を言ってもらえるか、なぜ同じお客さんが1日2回来るのか、なぜこんなイベントをやっているのか、なぜメニューはこうなのかということを、毎日のように共有してください。

けれども、地域に寄り添ったカフェをつくるからといって、あまりに地元に近いスタッフもダメなことがあります。近所の友だちばかり集まって、常連さんだけの溜まり場になってしまうのは避けたいところです。

ワイヤードカフェやSUSのスタートの頃は、スタッフの多くが飲食業界から集まったので、コミュニティ・ハブと言ってもまったく理解してもらえませんでした。

でも何年か経って、お客さんと話して楽しめるスタッフは残り、料理はうまくてもお客さんと話さないスタッフは徐々に辞めていき、それぞれのカフェのスタイルができあがっていきました。

若者のヴィジョンも多様化しているのです。たとえば一流大学で建築を勉強した人が、一緒に働きたいと言ってきてくれます。建築の勉強とカフェはすぐに繋がらない、でもカフェで働きたいと言うのです。建築を習って、いい街をつくりたいと思ったからカフェで働く。僕は、こういう多様性がもっともっと生まれてくるといいと思います。

若者たちは、自分の思いを実現できる職場を探しているのでしょう。高い年収をもらえる一流企業に入っても、自分のヴィジョンを実現できるとは限らない。だからカフェを選ぶことになったのでしょう。大学→大企業という画一的な道が必ずしも自分に合っているとは限らないという考え方が、若者に浸透してきています。豊かさの次にある多様性が、いい意味で社会の幅を広げている。僕はこの多様性の中にこそ、カフェはフィットすると思います。建築を志した人がつくったカフェ、食育を考えた人がつくったカフェ。今後、様々なカフェが誕生するのではと期待しています。

第3章

その場所の新しい価値を見出す

Chapter 3

Find new values in the places

カフェづくりの原点

はじめてのニューヨーク

僕がはじめてニューヨークに行ったのはダイエー時代です。ちょうど1985年5月のことでした。

内装の業界紙の海外情報欄で、ニューヨークではタブロイド紙がイベント情報やサブカルチャーについて発信していることを知り、おもしろそうなので、ぜひ実際に見たいと感じたのです。

そこでぜひニューヨークへ行ってみたいと思い、仕事にかこつけて、前から興味を持っていた「A&P」[注❶]いうスーパーマーケットと、「サウス・ストリート・シーポート」[注❷]という最新の商業施設を視察するツアーを組んだのです。

Ａ＆Ｐは、ニューヨーク郊外にあり、当時のＫマートやセイフウェイというスーパーマーケットより洗練された食品メインのスーパーマーケットでした。入口にはコンシェルジュ、ワインセラーの前にはソムリエ。当時では最先端のタッチパネルが設置され、買いたいものを入力すると売り場を知ることができました。これは、何の売り場なのかを示す吊しを省くことができる近未来的な取り組みでした。

もうひとつの視察地、サウス・ストリート・シーポートは、街に活気をもたらすことで有名なラウス・カンパニー［注❸］によって開発されました。

その頃のニューヨークは、今と違って非常に治安が悪く、地下鉄は危険が多いので特に観光客には敬遠されていました。サウス・ストリート・シーポートは、最寄り駅が地下鉄であるばかりか、駅からショッピングセンターまでの道は荒廃しきって男性でも小走りで通りぬけるほど危険でした。

それにもかかわらず、ラウス・カンパニーが再開発したこのウォーターフロントには、大勢の人が集まって賑わっていました。平日も週末も見に行きましたが、常に人が大勢いるのです。

ラウス・カンパニーのソリューション

サウス・ストリート・シーポートは、文字通り川沿いにある海港です。元々ニューヨークは19世紀に港町として発展した街でしたが、鉄道が整備されるにつれ海運が衰退し、以前は栄えていた港が寂れ、単なる漁港になってしまいました。ニューヨークの成長を支えた歴史のある場所であるにも関わらず、サウス・ストリート・シーポートは見捨てられ、荒廃していたのです。

ラウス・カンパニーの創設者であるJ・W・ラウス［注❹］は、魔法のような手腕で見捨てられた都市を次々と再開発し、有名になった都市プランナーです。ニューヨークの他にも、ボルチモアやボストンなどのウォーターフロントを再開発して活気を取り戻させたことが知られています。

ラウスの都市開発の重要なキーワードとして、「フェスティバル・マーケットプレイス」というものがあります。それは、単にものを買うことができるというだけではなく、店の主人との会話を楽しみ、商品を眺めたり、そぞろ歩きをしたりして、その街の人びとと一緒にいること自体を楽しめる、そんな活気に満ちた場所のことです。

サウス・ストリート・シーポートは、フェスティバル・マーケットプレイスを見事に体現した場所でした。広いエントランスやイベント会場があったり、ベンチから川風に吹かれながらブルックリン橋を一望することができたりと、買い物をしなくても歩き回っているだけで心躍るような店になっています。「フェスティバル」と言うくらいですから、そこはうるさいくらいに賑やかで、どこからか火噴き芸やジャグリングをする大道芸人が現れたり、ぬいぐるみが出てきたりと、とても楽しい雰囲気です。確かに、周囲の環境が悪かったとしても、一度はのぞいてみたくなる場所でした。テナントには、洗練した雑貨を販売していた「シャーパーイメージ」や雨具だけの「レインストア」などユニークなセレクトショップが入っていました。

見るものすべて新鮮で、サウス・ストリート・シーポートにいる間、ずっとわくわくしていました。

ダイエーでも展開しはじめていたフードコートが施設の上階にあって、そのスケールの大きさに圧倒されたことをよく憶えています。

僕は、ここを実際に見るまでは、アメリカ人がスーパーマーケットに求めるものは、効率性のみであると思い込んでいました。いかに早く、目当てのものを買い込めるかという視点です。だから、お店側もいかに移動しやすい店の構造にするか、どんな商品の並べ方をするか、いかに安くするかなどを重視しているのだろうと勝手にイメージしていたのです。

しかし実際にサウス・ストリート・シーポートに行ってみると、「フェスティバル・マーケットプレイス」がそこにはありました。周辺には住宅エリアとしてバッテリー・パーク、ビジネスの場としてファイナンシャルエリアがあり、商業施設としてはサウス・ストリート・シーポートと、三者が「ミックスドユース」として都市再生の重要な役割を担っていました。店には活気があふれ、お客さんたちは心から買い物を楽しんでいます。アメリカではスーパーマーケットがもてはやされているという思い込みが覆されました。

僕がダイエーでスーパーマーケットをつくる仕事を始めた当初は、チェーンストアとして効率や売上、利益など、数字を見るばかりでした。しかし、お客さんが買い物を楽しむことができる場所づくりが何にも増して大事であることに、そしてそんな環境を提供できる店にこそ自然とお客さんも集まり、利益も上がるのだということに改めて気づかされました。

単なる商品の陳列だけでなく、催しなどを通してお客さんに「空間」を提供するラウス・カンパニーのショッピングセンター。僕のカフェづくりは、あの時の体験に支えられています。

帰国したのち、ラウスが書いた本を読んで彼の業績や考え方に触れましたが、自分の仕事でも応用できることや、取り入れられることが多く、感銘を受けました。単に建物をつくっても、人の心を惹きつける魅力がないと、そのプロジェクトは失敗に終わる。逆に、魂が入れば多少不便なところでも人は集まるという確信を持つようになりました。

ニューヨークの7Aカフェ

ロサンゼルスのシルバーレイクのザ・コーヒーテーブル以外にも、僕が影響を受けたカフェがあります。

28歳ではじめてニューヨークに行ってから、何度か行くうちに出会ったカフェが『7

A』です。場所は名のとおり、アベニューAと7ｔｈストリートのコーナーにあります。

1993年だったと思いますが、お好み焼き屋をニューヨークで出店するというプロジェクトで、現地で働く友人のところに数カ月お世話になったことがありました。まだニューヨークの治安は悪く、友人のアパートのドアには鍵が5つくらいついていたり、アパートの前の公園でホームレスが焚き火をして暖をとっていたり、ニューヨーク市警のヘリがサーチライトを向け、空から警備をしたりという状況でした。その極めて治安の悪い暗闇のコーナーに、ポツンと7Aがあったのです。さすがに今では、そんな恐ろしげな気配はありません。

当時、確かに7Aは危険な場所だったのですが、駆け出しのアーティストやクリエイターたちはSOHOの家賃が上がってきたので、家賃の安いアベニューA、B、Cなどにこぞって移り住み、廃墟を利用してギャラリーや古着、家具などのマーケットを開きました。街は彼らの流入によって徐々に活気を取り戻し、サブカルチャーの息吹が吹きこまれていったのです。そのコミュニティの中心になっていたのが、このカフェ7Aでした。

7Aはアーティストやクリエイターたちの溜まり場となり、人と人の繋がりと文化を生み出すコミュニティ・ハブとしてたしかに機能していたのです。

僕にとってこの7Aが生きた教科書といえます。僕は、このようなカフェを日本にも開き、新しい文化を育てていきたいと思ったのです。このエリアのクリエイターやアーティストの一人ひとりにとっても、コミュニティ・ハブとなったカフェの存在は大きかったに違いありません。

ニューヨーク　もうひとつの体験

あこがれのニューヨークで、忘れがたい体験が最後にもうひとつあります。

そのときホテルの部屋でテレビをつけていたのですが、今ではおなじみのアイ・ラブ・ニューヨークのコマーシャルが流れていました。

映像では、上空から眺めた夜のマンハッタンが映し出されています。次にそこから、高層ビルが映りこむハドソン川の川面へとカメラが一気に急降下して水面を映し出すと、メタンガスの泡がボコッと川面に浮き上がってきて、パンと割れる。どうしてメタンガスの泡なんだろう？　と思う間もなく、割れた泡の中から、ミルトン・グレイサーがデザインしたアイ・ラブ・ニューヨーク[注❺]のハートマークのロゴが浮かび上がる。

ニューヨークという都市のコマーシャルなのに、綺麗なところだけでなく、汚れたハドソン川からメタンガスが浮かび上がっているところまで隠すことなく見せてしまう。都市の美しさだけでなく、醜い部分も表現してしまうことに、ニューヨークならではの凄さを感じました。

THE POSSIBILITIES
FOR THE TRI-SECTOR
CENTERED AROUND THE CAFÉ

開発の限界と新しい視点

デザイン住宅と街のコミュニティ

ワイヤードカフェ原宿を手がける前は、デザイン住宅の事業をしていました。原宿にオフィスを構え、キャットストリートに隣接する古い木造住宅を見ては、システムの整った住宅をつくりたいと思っていました。

オフィスは、ライトゲージスチールという高さ3メートル、幅1・8メートルの軽量鉄骨を組み合わせて3階建ての家をつくり、上2フロアを共同オフィス（今で言うシェアオフィス）、下1フロアをみんなで使うキッチンつきオフィスとしました。

壁は二重構造で、外断熱工法、パッシブソーラーで空気の流れをよくするようなつくりにしたので、シックハウスフリーで環境にやさしい建物になりました。

当時の日本の住宅は、構造体のプラスターボードにビニールクロスでふたをして、短期間でつくられていました。結果として、湿気がたまり、カビやバクテリアが生じて、病気の原因になっていました。シックハウスの問題を抱えた家をどうにかしたかったのと、夏は涼しい洞窟、冬は暖かいかまくらのような家をつくって、住む人が心置きなくのんびりできる空間を提供したかったのです。

その一方で、家をひとつずつ建てるというより、街ごと建て替えたいなと考えていました。なぜかというと、ダイエーに勤めていた頃、スーパーマーケットが出店することで、地元の八百屋さん、肉屋さん、豆腐屋さんなどが廃業に追い込まれ、商店街がシャッター街となったあと、不動産屋やデベロッパーが進出して地上げされ、マンションや住宅ができ、1年も経つと「ハリボテの街」になってしまった、という話をしばしば耳にしていたからです。

罪悪感というほどに深く心に突き刺さっていたわけではありませんが、とにかく嫌だなあという感覚を捨てることはできませんでした。

スーパーマーケットが進出し、駅前が再開発される以前は、町会なり、回覧板が回るコミュニティがいきいきとあったはずなんです。駅を中心として、そこからにじみ出るように広がる駅前広場、人びと、商圏が、開発の波にのまれて潰されてしまった。

高度経済成長、バブルの時代は成長を代償に得られたからうまくいったのかもしれませんが、今は成長なき時代です。方向性を変えなければなりません。単にいい家を建てるだけではなく、街も住人の目線でつくりたいなあと強く思っていました。

地域の歴史と文化を大切にする

39歳の頃、ラウスが初期に開発に携わって、評価を受けたボストンのファヌイル・ホールというマーケットを訪れました。1988年にラウスが来日した際に出版された本［注❻］を読んでから、一度じっくり見てみたいと思っていたのです。

言葉にすると陳腐になる気もするのですが、実際に行って体験すると、そこでしか得られない価値がありました。はじめてのニューヨークはすべての体験がエキサイティングでしたが、今回は海外でいろいろ見たあとでしたので、ラウスのつくった場所が、他とは差別化されたところだと理解できたのです。

ボストンは、アメリカで最も歴史の古い街のひとつで建国の地でした。しかし、20世紀に入ると製造業が衰退し、その歴史的な旧市街は、商業施設の郊外移転によって廃墟同然にまでなり、スラム化していました。

ラウスは本来ボストンが持っている重厚な歴史を生かし、アメリカ人のノスタルジーに訴えかける雰囲気を持ったマーケットをつくることに成功しました。そこはサウス・ストリート・シーポートと同様、何時間でもいたくなる楽しい仕掛けに満ちています。大道芸人や露店風の小粋なアクセサリー店、レストランや飲食店、夜の美しいイルミネーション。

そこがスラム化していたとは信じられないほど、そのフェスティバル・マーケットプレイスは賑わっていました。僕は、もともとあったものを全部スクラップにして新しいものをつくるのではなく、既にあったものを利用するのがいかに大事かということを感じました。朽ち果てたところを再生するのに、全部スクラップにしてしまったら豊かになれない。街を新しく開発するにしても、昔の記憶を残してこそ価値があるのです。

ヨーロッパの都市は、歴史的景観を残しながら進化してきました。それに比べ、戦後の日本は過去のものをどんどんスクラップにし、新しいビルを建てました。今でも、老朽化した建物はためらいなく取り壊され、新しいものに建て替えられます。

アメリカではモータリゼーションで人びとの行動範囲が広がったことで、郊外へ新しいものがどんどんできました。

その結果、従来栄えていた町や市場が廃れ、スラム化してしまった。そんなところをラウスが再開発のマスタープランナーとして現われて、再生してきたわけです。ラウスのフェスティバル・マーケットプレイスの発想によって、都心部の空洞化・スラム化していたところが、再び活性化したのです。

ラウスはこう言っています。

「人びとがやってくるのは、そこにいることを楽しむためであり、ものを見たり眺めたりするため、そして、街の人びとと再び一緒にいるためだと私は考えます。このマーケットプレイスの持つ色彩、香り、音そして質感に反応しているのです。その場所の人間性や個性に惹かれるのかもしれません。

あるいは、多種多様な店やマーケット、フードショップや、また生まれてはじめて商売をするというような小規模な、たいていは独立した個人の商人たちを面白いと感じるのでしょう。今まで表面に出ることがなかった願望が、そこで満たされたのです」（『都市再生のパラダイム』P76～77）

スケールは違いますが、僕がカフェをつくるときも見習っていることがこのラウスの言葉にあります。インテリア、空間、飲食のメニューも大事なのですが、その街の記憶やその建物の背景を生かすようにすることによって、お客さまにとって居心地のよい空間をつくることができる。ラウスはこの大切なことを教えてくれました。

THE POSSIBILITIES
FOR THE TRI-SECTOR
CENTERED AROUND THE CAFÉ

10坪15席のカフェが成功した秘密

WIRED CAFE……コンセプトはサブカルチャー

デザイン住宅の設計を受託していた頃に、キャットストリートの小さな土地を利用するプレゼンをしないか、という話をいただきました。1998年のことです。当時オフィスが隠田商店街のあたりにあり、地主さんが公募しているということで、コンペに参加することができました。

このときに大切な出会いがありました。カフェ・カンパニー［注❼］を一緒に創業した楠本修二郎です。彼はコンペ先の地主さんのアドバイザーをしていたのです。これがきっかけになり、その後彼は仕事での重要なパートナーになりました。

コンペの話に戻しますが、地主さんの要望は「パタゴニアが日本ではじめてフラッグシップショップをキャットストリートに出店するので、その前の小さな土地で何かできないか」ということでした。

今では想像できないと思いますが、キャットストリートとその土地を見に行った当時、そこは人が1日10人も通っていないないほど寂しいところでした。

キャットストリートは1964年の東京オリンピックの際に、街を美化しようと、ドブ川同然だった渋谷川を暗渠化、わかりやすく言うと蓋をして現在のようになりました。元々、渋谷川に沿って住宅が建っており、川に面するのは住宅の裏側でした。川が埋め立てられて、あとからキャットストリートができたので、通りは生活者の動線の裏側でした。人通りがなくて当然です。ネコが昼寝するには格好の場所だったでしょう。

そこで1週間は渋谷と原宿の間で観察をしました。どんな人が歩いているか、年齢、性別、ファッション、アクセサリー、持ち物などをじっくり見てみました。

僕はいつも、出店に際してひと月はその街周辺を観察します。写真やビデオを撮って、「今これが足りない」「こう変化するだろう」「だからこう出そう」と考えるのです。大事なのは「何人いるか」ではなくて、「どんな人がいるか」です。

WIRED CAFE
［東京都渋谷区／キャットストリート（原宿）］

たとえば同じタトゥーでも、ストリートスタイルから、カリフォルニアスタイルまでいろいろあるので、そういった細かいところまで観察します。そんな作業のなか、土地の周囲でピアスとタトゥーをしている若者を数えてみました。そうしたら、渋谷のセンター街の10倍の人数だったのです。ちょっとした発見でした。渋谷よりはるかにとんがった若者がキャットストリートを歩いていたわけです。

キャットストリートの周辺は、渋谷と比べると、サブカルチャーやストリート文化を好む若者が周辺に集まっていました。そこでコンセプトを「サブカルチャーカフェ」にしようと思ったのです。

立地は間違いなく魅力的で、俯瞰すると、原宿、表参道、渋谷の三角のほぼ中心点にありました。でも、その頃は原宿と渋谷をつなぐ明治通りを歩く人なんていませんでした。なぜかというと、明治通りの歩道の幅が1・8メートルと非常に狭かったうえ、近隣で働く人が自転車を停めていて歩きづらく、とてもカップルがウインドーショッピングを楽しめるような環境ではなかったからです。

一方、近隣に住む人びとは、渋谷川の暗渠化前から建つ住宅に住み、キャットストリートに背を向けて過ごしていました。今と違って周りは多くが民家でしたから、生活動線がキャットストリートと交わっていない状況でした。

その頃は、80年代から賃料の安かった原宿通りやキャットストリートが裏原宿と呼ばれ、ちょうど企業の出店が始まった時期でした。また付近には、オフィスビルなどではなくマンションの一室に事務所を置くようなアーリーステージの若者、主にファッションに関連するビジネスを始めた人が多く働いていました。

そこで彼らのニーズを満たし、感性に合うものをつくることにしました。いくら立地が悪くても、必要な機能を果たすことができれば、10坪の小さな店でも、商業的に成り立つのではないかと思ったのです。

その土地の記憶を残す

カフェを建てたのは、Y字路にある三角形の土地で夏みかんの大きな木がある、ゴミ置き場と2台分の駐車場の跡地でした。まず、とんがったところにトイレをつくりました。もちろんカフェのお客さんも使うのですが、当時明治通りを避けてキャットストリートを回遊しても、お店もコンビニもありませんから、もちろんトイレもない。ならばカフェに来ない人にも使えるようにしちゃえと、散歩して回遊する人びとの公衆トイレの役割も持たせました。

お店は1階と2階合わせて全部で16席。表に4席つくりました。夏みかんの木はあえて残したままにして、木が枯れないように、ウッドデッキに穴をたくさん開けて、水はけをよくしました。

夏みかんをランドマークにする。夏みかんと一緒に、地元の人の記憶を残しながら、寄り添っていく。そうした思いをこめて、夏みかんの木を残しておきました。

表参道から渋谷へ向かう一角は、古くは「隠田」という地名で、葛飾北斎の絵にもなっている「穏田の水車」があった田園地帯でした。文字通り田を隠す、つまり年貢を納めないという、反逆的な意味のある土地なので、歴史的にはストリートカルチャーやサブカルチャーにぴったりの土地柄だったわけです。

カフェは午前11時から深夜2時まで営業することにし、厨房ひとり、フロアひとりで回しました。マンションの一室をオフィスにしているために打ち合わせスペースのないようなお客さんが、カフェを打ち合わせ場所として使う、そんな場合のために遅い時間までランチを提供したり、夜食をつくったりしました。

他にも、服をつくっていたアパレル系のデザイナーたちのために、地方からバイヤーが来た際に使える展示スペースとして提供するようにしました。また、サンエーインターナショナルなど大手アパレルが、新ブランドのテストマーケティングに使ってくれることもありました。

お客さんの持ってきたチラシやフライヤーを店内に置いたり、外に大きなポスターを貼り出す。また、彼らのためにフィンガーフードを用意してケータリングする。アパレルのポスターを作って1枚4万円で展示する。カフェを利用してくれる人たちのために、やれることは何でもやりました。地域のニーズに応えることで、月額90万円という家賃でも、大きな成功を収めることができたのです。

今でもあのあたりは飲食店が少ないのですが、あの頃はまだ他のカフェが出てこなかったので、地元の住民とは対照的なアーリーステージの若い商業者たちにとっての、コミュニティ育て型のお店として機能しました。

このとき学んだのは、店のサイズは関係なく、コミュニティ・ハブの機能を持った店はビジネス的にも成り立つということ。飲食の世界だと、席数×客単価といったものさしで出店するかどうかを決めてしまうのが常識的なのですが、その常識は疑っていいものだとわかりました。サイズは関係ありません。機能が提供できればビジネスとして成立するのです。

キャットストリートでの10年

もちろん成功ばかりではなく、失敗もありました。

カフェの名前にちなんでワイヤードというブランドの服をつくったときは、うまくいきませんでした。衣食住を網羅したいという熱い思いで、ストリートカルチャーを意識し、メッセージ性のあるTシャツなどをつくりましたが、キャットストリートの人びとに受け入れられませんでした。

ここでワイヤードカフェの名前についてお話ししておきましょう。

インターネットに繋がるという意味の「Ｗｉｒｅｄ」と勘違いされることが多いのですが、Ｗｉｒｅｄには英語のスラングで「イライラした、ピリピリした」といった意味があります。鋭い感受性をもつストリートカルチャーにふさわしいので、この名前を選びました。

あるとき、ジャパンタイムズの取材で、ワイヤード（イライラした、ピリピリした）というネーミングだが、実際はとてもアットホームなお店だという記事を書いてもらったことがありました。街を活性化したい、街の顔になりたい、という僕たちの気持ちを支えてくれる、いい記事でした。

お店のロゴについては、モトローラのMをひっくり返しただろうと、訴訟にまでなりました。今ほどのインターネットのクチコミがない時代ですが、それなりにインパクトがあったのでしょう。場所柄それだけ注目され、話題になりました。

メニューは若い人たちならではの感性に合わせました。デリは、オーダーでは7、8品から好きな3品を選べるようにしました。

いつ来ても食べられて、お酒も飲める。これがお客さんたちを惹きつけました。周辺で働く若者たちのライフスタイルは読みどおりで、僕たちのサービスは彼らのスタイルにぴったりと寄り添うものだったのです。実際、お客さんもほとんど周辺で働く若者で、原宿といえども観光客は来ませんでした。1日2回来るお客さんもいらっしゃいました。

92年に借地借家法が改訂されて定期借地ができるようになったおかげで、限りなく個人事業者に近い私たちでも、この場所を借りることができました。その点はラッキーだったと思います。キャットストリートには、のちにパタゴニアに続いて、X-girl、R.NEWBOLD、hhstyleなどメジャーブランドが出店し、その際のお手伝いもできました。

その頃にはすでにキャットストリートがメジャーになり、コミュニティを育むワイヤードカフェの役割は終わっていました。ファッションやストリートカルチャーをとり込んだワイヤードカフェ原宿は10年で借地契約が終わり、幕を閉じました。街が成長する中で、カフェが大きな役割を果たせることを確信できた10年といえます。この店でできたことが、その後のカフェづくりの原点になっているのです。

ザ・フードファイル

（『ジャパンタイムズ』1999年8月26日　ロビー・スウィナートン）

ワイヤードカフェというネーミングから想像しがちなのは、ちょっとアブナイ目付きをしたウエイターがカフェインたっぷりで強烈なコーヒーを出してくれて、派手なカラーリングのPCでお客がネットサーフィンをしているイメージだ。だが、これはハズレだ。iMacはないし、コーヒーだけでなくアルコールも出している。スタッフは若く、にこやかで、とてもフレンドリーだ。

ワイヤードカフェはとてもくつろげる、ジェネレーションXの場所だ。メタルの梁やスチールのパネルを用い、正面に強化ガラスを張ったユニークなV字型の店中は、今どきの若い男女たちの手によって、デリ・カフェのコンセプトを日本的にアレンジしたものだ。上の階のデザイナーズブランドの店の音楽がかすかに聞こえてくる。

外の歩道側にテーブルを2、3置いて、英語の雑誌とジャパンタイムズを備えているが、非常に控えめだ（シェフが全身にタトゥーとボディピアスをしていることには驚いたが）。

エスプレッソマシンも、7〜8品並んでいるデリのキャビネットも、すべてが小さくコンパクトだ。オーダーは単品でもいいし、好きな3品を選んでワンプレートにしてもいい。スパニッシュオムレツ、茄子のラタトゥイユ、赤と黄色のパプリカとトマト、スパイシーチキン、春雨サラダ。狭いスペースの中に、いろいろなチョイスがある。

かぼちゃやじゃがいものポタージュ、サラダ、温かいデリならチリビーンズとポテトチップス、茄子とトマトとモッツアレラのグリルとグリーンサラダ、ブルスケッタ、煮込んだチキンとコリアンダーのラップサンドなど。

ランチとディナーのワンプレートは、食べごたえがあるのに安い。グリルチキンとペンネ、赤ピーマンのマッシュポテト詰めとガーリックブレッド、ビーフとバジルライス。シンプルだが、気取りがなくおいしい。どれも安く、960円以下で済んでしまう。

Even before you see it, you might imagine from the name that **Wired Cafe** is the kind of place where manic-eyed waiters serve up supercharged, overcaffeinated arabica while you surf the Net on lollipop-colored computers.

Wrong. There's not a single iMac (or clone) in sight, they serve more booze than coffee, and the staff are young, mellow and entirely welcoming.

In fact, it's a very laid-back, Generation-X kind of place. Inside a curious wedge-shaped building welded together from metal girders, steel panels and an industrial-strength glass frontage, a hip gang of lads and lasses have created a very Japanese take on the concept of the deli-café. Music filters down from a designer clothing boutique upstairs.

They have a couple of tables out on the pedestrian-only street, English magazines to browse through (and The Japan Times) and remarkably little attitude, despite the occasional tattoo or body piercing on show (that guy with the full-body design is the chef, would you believe).

Everything is on a diminutive scale, from the espresso machine to the deli cabinet displaying trays with seven or eight different tidbits. You can order them separately, or a plate of three (your choice), perhaps a slice of Spanish omelet daubed with tomato ketchup lay lines; a chilled ratatouille of eggplant, red and yellow pimento and tomato; and some spicy chicken and *harusame* noodle salad.

For such a small space they deliver an amazingly large range. There are soups (at present appetizing chilled potages of pumpkin or potato); salads; hot deli items such as chili beans and chips or American eggplant layered with tomato and mozzarella, grilled and served on a bed of green lettuce. They do *bruschetta* and wrap sandwiches with fillings like stewed chinese pork and coriander.

The lunch/dinner plates are interesting, filling and amazingly cheap -- grilled chicken with penne; stuffed red bell pepper with mashed potatos and garlic bread; stir-fried beef with basil rice. It tastes good enough, even if it looks unsophisticated, even slap happy. Who cares, when there's nothing on the menu over ¥960, and plenty that's a lot less than that?

Wired Cafe, 6-15-7 Jingumae, Shibuya-ku, (03) 3407-9899.

Open: Monday-Thursday: 9 a.m.-11 p.m.; Fridays & Saturdays: 10 a.m.-midnight; Sundays & holidays: 10 a.m.-10 p.m.

Nearest station: Meiji-Jingumae (Chiyoda Line)

How to get there: Walk up Omotesando and turn right just before the outdoor café called Perbacco! If you follow this pedestrian street for about five minutes you will spot Wired Cafe on the right side.

Price per head: ¥2,000 (without drinks)

Drinks: Beer from ¥550; cocktails from

1999年8月26日付　The Japan Times 掲載
The Food File:Three cheers for summer dining by Robbie Swinnerton

カフェを介して地域と繋がる

SUS……高架下好きだからこそできたこと

原宿のワイヤードカフェが軌道に乗った頃、渋谷の高架下の物件に出会いました。そこは駐車場として放置されていた東急東横線の高架下の土地でした。当時の渋谷駅周辺では、最も日の当たらない場所だったと思います。

高架下といっても、そこは東急電鉄の土地ですから、僕たちのような小さな会社に貸してくれるまで1年かかりました。JR渋谷駅の新南口の設置に伴い、東急電鉄としては渋谷圏を拡大しようという計画もあったらしく、僕たちの提案を受け入れてくれました。4年間という定期借家の期間は、あっという間に過ぎましたが、とても濃密な時間でした。

この物件を手がけようと思った頃に、楠本とカフェ・カンパニーを創業しました。リクルートコスモスにいたこともある彼はビジネスに造詣が深く、僕が会長、彼が社長としてスタートしました。10店舗ほど展開した2007年に、僕は退いて、入川スタイル研究所をつくりました。

その高架下の物件から渋谷を見ると、渋谷の街は南側に開いていないことに気がつきました。恵比寿、代官山へ回遊できないのです。今でこそトランセというミニバスが走っていますが、当時は代官山と恵比寿に出るのに東横線と山手線を使うしかありませんでした。立地は渋谷駅から代官山へ向かう東横線の高架下。明治通りから一本裏側で、人の流れもなく、暗くて怖い雰囲気があるばかりか、ネズミの死骸があったり、渋谷川のニオイが漂っていたりもしていました。

そういうところが好きなのではありませんが、僕には誰もが見過ごしてきたところを変えて、街を生まれ変わらせたいという志がありました。僕が育った神戸には、モトコーと呼ばれる元町高架通商店街というのがあって、元々都市架線が嫌いではなかったこともあり、高架下という場所を選ぶことにしました。

僕が勝手に師匠と思っているJ・W・ラウスという都市再生の第一人者は、都市化、郊

SUS Shibuya Underpass Society
［東京都渋谷区／東急東横線渋谷高架下］

外化によって廃れた商業エリアをフェスティバル・マーケットプレイスによって、活性化していきました。僕も、カフェを使って街をよみがえらせる仕事をしたいと思っているのです。

出来上がった3つの店

SUSは92坪とワイヤードに比べると大きな敷地でしたから、カフェ「プラネット・サード」(50坪90席)、テイクアウトデリ「ランチ・トゥー・ゴー」(10坪)、バーラウンジ「セコ・バー」(30坪40席)と3つの店を併設しました。カフェは周辺ワーカーの打ち合わせ場所、バーは彼らの社交と接待の場所であり、発表やプレゼンの場所になると思い、分けることにしました。しかし、カフェもバーもお弁当もひとつの厨房で対応したので、当初は無茶だとコックに殴られそうになったものです。(今では彼はカフェ・カンパニーの重鎮として活躍しています)

店の立地の観点で言うと、環境は悪くてもロケーションはとてもいい場所でした。でも、回遊性がまったくありませんでした。

渋谷から恵比寿方面の明治通りは、土日は赤鉛筆と競馬新聞を持って場外馬券を買いに行くおじさんでいっぱい。女性が競馬に行く時代じゃありませんでしたから、カップルが歩いて楽しい雰囲気は一切ありませんでした。ＪＲＡの先にも、簡易宿泊所と清掃工場というマイナス物件がありました。

一方で渋谷から代官山へ向かう道には桜ヶ丘という坂があり、こちらも分断されています。急な上り坂で、今のように大きなオフィスビルやカフェやレストランはありませんでした。また線路沿いで代官山へ抜ける道も暗くて、寂しい。ほとんど人は歩いていませんでした。

しかし、周辺で働く人びとに大きな変化の兆しがあったのです。95年あたりから、渋谷でＩＴベンチャーの起業が始まりました。99年あたりには、「渋谷ビットバレー構想」と騒がれ始め、新興のＩＴ企業が渋谷周辺に集まり、家賃の安いエリアやマンションで小規模のＩＴベンチャーが産声を上げていました。

ＳＵＳの周辺はそうした若者が集まっているところでしたので、コンセプトに4つの柱を立てました。

①夜でも明るく安心して歩ける環境の創造
②SOHOの機能を補完する環境とサービス
③多忙な生活を支える飲食の場の提供
④様々な交流を生みだす仕掛けと場の提供

ITベンチャーの社員さんは朝から深夜まで働いていました。当然、ヘルシーな食事も打ち合わせ場所も必要だろうなと思ったのです。

彼らはデジタルアーティストなど、いわば入植者で、高架下で自分の作品を発表したいとか、お金はないけどアイディアはいっぱいあるぜ、と自信にあふれる人ばかりでした。SUSは、レストランビジネスが流行った時代にニューカマーの思いを具現化した店とも言えます。だから、あたかも昔から高架下にあったように小汚いカフェをつくりました。柱は化粧しないままにして、芯120と柱に漢字で書いてあるのが見えるようにしました。

カフェの名前は、環境にやさしくしようという気持ちを込めて「プラネット・サード」とつけました。それに関連して、環境を守る運動にも取り組みました。

たとえば、「地球をきれいにしましょう」と呼びかけて掃除をしました。時には、お客さんが持ってきた古い家具をリサイクルして使うなんてこともしました。紙の容器を使ったり、おからでフォークをつくったり、そこにあるもの、環境にやさしいものを利用しようとしました。

バーラウンジは、セコンドハンド、つまり中古の家具や拾ったモノやリサイクル品でつくったので、「セコ・バー」。ボロボロなのがかえってよかったのか、共感を生みました。テイクアウトの「ランチ・トゥー・ゴー」は、そうした近隣の若者たちに、ある意味食育の役割も果たしました。白米だけでなく炊き込みご飯を選べられるようにしたり、おかずもきんぴらや切り干し大根など、身体にやさしいものを選べるようにしました。メニューは日替わりで680円、低価格で毎日ヘルシーなものを食べられるように配慮しました。また、好きなおかずや飲み物が選択できるプリフィックスランチとチョイスランチの2種類を用意し、いつ来てもランチメニューが食べられるようにしました。なんとなく安心するようなボロボロの内装、いつでも安く栄養のあるごはんが食べられること。こうして生活が不規則なＩＴベンチャーのお客さんのライフスタイルにぴったりマッチしたお店が出来上がったのです。

その結果、1日に2回、3回と利用してくれる人がたくさんできました。

接客はファーストフードのようなマニュアルによるオペレーションはあえてせず、素直にサービスできる環境をつくりました。お客さんの視点に立って、問いかけてもらえるようにする。そうすることによってコミュニケーションが生まれ、仕事の息抜きになるような場所にしたかったのです。会話しながらちょっと和んでもらって、リピーターになってもらうことが狙いでした。プライスカードをポストイットにしたりなんて、今なら怒られそうなこ

プライスカードはポストイットに温かみのある手書きの文字。

とをしました。

カフェから広がる可能性

ワイヤードカフェ原宿は小さいし、ファッションピープルがメインだったので、裏方に徹したのですが、ＳＵＳは僕にとっても楽しいことがたくさんありました。ニューヨークで見たインターネットカフェを原宿で真似てみて失敗したこともありましたから、ＳＵＳ周辺のＩＴベンチャーの若者たちに役立つ助言ができたと思います。

インフラを整えるために無理をして、Ｔ１回線が何千万円のときに無線ＬＡＮまで導入し、過剰投資で失敗したのです。インターネットの草分け的な人たちに「よくやりましたね！」と驚かれました。時期が早過ぎて、明らかに失敗でした。

渋谷ビットバレーの中心が駅周辺だとしたら、ＳＵＳのあたりは、デジタルインダストリーの裏庭で、野心的なクリエイターがいっぱい集まっているところでした。セガやＮＥＣなどの大手企業からスピンアウトした人たちもたくさんいましたね。彼らは、コンピュータグラフィックスを使ってどうやってお金にできるか、モザイクやネットスケープなどのブラウザ上でこれからどんなことができるかなど日夜議論し、楽しくてしょうがない様子でした。

　当時はＩＴの黎明期でしたから、とにかくいろいろチャレンジしてみたかったのでしょう。ＳＵＳは彼ら開拓者の工房かガレージのような場所でした。イベントも毎夜のように開催し、時代の先端を行く人びとの活気であふれていました。面白いものをつくりたいという同じ志の人びとが集まり、お互いにインスパイアしながら進んでいったのです。デジタルもアートも音楽も好きな彼らだからこそ、渋谷という街を細かく見ることができ、この街の将来が描けたからこそ、成功したのだと思います。

　あるとき、彼らのひとりに映像作品を見せてもらいました。面白いと思ったので東急の人に紹介したところ、ＱＦＲＯＮＴのビジョンに映す映像や番組構成の仕事へと発展したことがあります。こんな風に人を繋ぐことが実っていく楽しさがありました。

　ＪＲ渋谷駅の新南口ができて流動人口も増え、ランチタイムには女性が90％近くカフェのスペースを埋めることもありました。お客さんとのコミュニケーションも活発になり、インターネット環境を提供し、15時以降ならドリンクを頼めば打ち合わせ場所として自由に使えるようにしました。

また、地元との交流もありました。SUSの隣に渋谷東の町会長がいらして、「ファミリーの住民がすっかりいなくなっていて、神輿の担ぎ手がいない」と嘆いていました。そこで祭りのときに、カフェのお客さんたちとスタッフで神輿を担いだところ、大変喜んでもらえました。ちょっとしたことですが、このように街のポテンシャルを紡いでいくのがカフェの役割だと思います。

このようなローカル・サポートの大きな試みのひとつは、アースデイマネーとして地域通貨『r』を発行するお手伝いをしたことです。

東急電鉄の金山さんが、嵯峨さんと池田さんという2人の仕掛け人を紹介してくれました。渋谷川の汚れを何とかしたいと思っていたので、二つ返事で引き受けました。rという地域通貨をプラネット・サードとランチ・トゥ・ゴーの2店舗で採用し、渋谷川をお客さんの有志とともに掃除して、参加者にはお店で使えるrを配りました。お客さんの家具を引き取るかわりに、ランチ3回分をバーチャルマネーで払ったりすることもありました。

なぜカフェがお客さんを使ってゴミ掃除を仕掛けるの？ と聞かれることもあるのです

が、街になじみ、元々いる人たちのコミュニティに受け入れられてこそ、街が発展すると思うからなのです。元々その土地に住んでいる地元の方々は、若者たちが街に及ぼす影響に敏感で、治安が悪くならないか、街並が汚くなってしまうのではないかと心配しています。しかし、若者たちはたいてい地方から来ていますから、社会性を持っていられる場所がほしいのです。ゴミ拾いをした、溝掃除をしたというリアリティが、地元の人たちとニューカマーを繋ぎます。僕らがSUSで発信できたのは、僕らのようなアーリーステージの事業者でも、大きな企業と対等に仕事ができるよ、というメッセージでした。

たとえば、これからというデジタルのクリエイターたちには自分の作品や曲をバーで披露してもらって、発表の場を提供します。こうした社会性のあることが共感を呼びます。一緒に街をつくろうと情報発信していくことで、彼らに寄り添う。すると彼らにとっても安心できる街になるわけです。カフェで働くスタッフたちとも自然と仲間になることができます。元々いる地域の人びととニューカマーである若者たちの橋渡しとしてカフェが機能しているわけです。ワイヤードカフェ原宿やSUSでの経験を通して、カフェのこうした可能性も確信するようになりました。

[注❶]：A & P

ニューヨーク発祥のスーパーマーケットチェーン。正式名称はThe Great Atlantic & Pacific Tea Company。1960年代の初めまでは世界最大手の小売業者だった。元祖スーパーマーケットともいえる。

[注❷]：サウス・ストリート・シーポート

ニューヨークのイーストリバー沿いにある複合商業施設。ショッピングモール、レストランなどがあり、ブルックリン橋の眺めも素晴らしい。治安の悪い地区だったにも関わらず、ラウス社が開発を手がけ、成功を収めた。今では、観光客も訪れるスポットとなっている。

[注❸]：ラウス・カンパニー

J・W・ラウスが1939年にハンター・デ・モスらと立ち上げた会社。

[注❹]：J・W・ラウス

1914－1996。アメリカ合衆国の都市プランナー、ディベロッパー。人が集まる商業施設が都市の核として必要だと説き、ニューヨークやボストン、セントルイス他多数の都市にフェスティバル・マーケットプレイスを設け成功を収める。ラウス・カンパニーの創始者。

[注❺]：アイ・ラブ・ニューヨーク

1976年にグラフィックデザイナーのミルトン・グレイサーがニューヨーク州の依頼でつくったロゴ。ニューヨーク州観光局の登録商標で、ラブをハートのマークで表現したデザインは今でも人気。

[注❻]：ラウスが来日した際に出版された本

『都市再生のパラダイムーJ・W・ラウスの軌跡』(PARCO出版1988年刊)J・W・ラウスの都市再生について詳しく知ることができるだけでなく、「フェスティバル・マーケットプレイス」をはじめとするラウスの思想について理解できる。

[注❼]：カフェ・カンパニー

2001年、入川秀人と楠本修二郎が共同で設立したのがコミュニティ・アンド・ストアーズ。現在のカフェカンパニー。みんなが集まるコミュニティの場を回復させるべく、数々のカフェをつくった。

第 4 章

話題のカフェはこうつくられた

Chapter 4

How we've produced the popular cafes

コンセプトは「永続的な街のコミュニティ基盤」

Royal Garden Cafe……ロイヤルグループのフラッグシップ

ロイヤルホストといえば、すかいらーくとともにファミリーレストランを日本全国につくった外食産業のパイオニアとして有名です。僕はこの会社に、外食のパイオニアとして、フラッグシップのお店をつくろうと提案しました。

立地は国道246号から絵画館へ向かうイチョウ並木のところ。環境と景観は素晴らしいのですが、外苑前駅と青山一丁目駅の中間でイチョウの美しい季節は人通りの少ない場所でした。並びには、セランという90年代にティラミスで名を馳せたハイエンドなカフェがあります。路地を隔てて隣接する伊藤忠CIプラザには中華料理、お蕎麦屋さん、イタリアンなどがありますが、近隣で世界を相手に働くような人びとを満足させる業態は見当たりませんでした。ランチタイムだけで成り立つ旧態依然とした飲食、極端な高価格で、質と量のバランスがとれたコンテンツはなかったのです。

ロイヤルグループのフラッグシップとしてふさわしい店舗にするために、3つのポリシーを提案しました。「安全でより安心な食品の提供」「明確な社会性のある活動」「より深い地域との関係」です。共通するコンセプトは、持続可能なコミュニティをつくることでした。

1階のカフェにはベーカリーコーナーをつくりました。ロイヤルグループの出発点は「ロイヤルベーカリー」というパン屋さんでしたので、フランス産の小麦を使い、じっくり発酵させた生地に、香り深い発酵バターを贅沢に折り込み、カンパーニュやバゲットなど料理に合わせたパンを中心に、すべて店内で焼き上げるようにしています。2階は創業時の雰囲気を取り入れ、60年代風のレストランに仕上げました。ハレの日に使えるようなイメージで家具や照明はミッドセンチュリーで統一しました。立地とターゲットにマッチした機能を備えることで地域の人びとに受け入れられ、様々なイベントに活用されています。

THE POSSIBILITIES
FOR THE TRI-SECTOR
CENTERED AROUND THE CAFÉ

日本一見識の高い住民のコミュニティの場

ARK HiLLS CAFE……国際的な文化交流が生まれる

アークヒルズは、1986年に竣工、ホテル、サントリーホール、オフィス、住宅が一緒になった施設で、日本のミックスドユースの先駆けでした。「職住遊近接」「都市と自然との共生」「文化の発信」の思想をはじめて具現化した森ビルさんの〝ヒルズ〟の原点です。

しかし、2003年に六本木ヒルズ、2007年に東京ミッドタウンが開業し、25年近く経ったこともあり、中心地から外れてきていました。

とはいえ、六本木ヒルズや東京ミッドタウンに観光客が集まる一方で、アークヒルズに住む人も、訪れる人も相変わらずいました。ですから、彼らのライフスタイルに合うものを提供すれば、コミュニティを活性化できるのではないかと思ったのです。

周辺の飲食店のリサーチから、オフィスの数や就業人口、そして近隣に住む人びとの世帯数や年齢層、家族構成、周辺で生活する人のスタイルを徹底的に調べました。

立地は六本木、赤坂、神谷町のつなぎめにあります。アークヒルズの1キロ圏内には700社の会社があり、ビジネスマンが30万人います。

平日の昼は多くの人が来るのですが、平日の夜や週末は閑散としていました。とは言うものの、1キロ圏内の住民は3万人。国際的な見識を持ち、文化を知る人が多いことがわかりました。

当時、ANAインターコンチネンタルホテル東京の宿泊客は60%が外国人。サントリーホールの利用者は7割が40歳以上。高級レジデンスの家賃は月額200万~250万円、6つの大使館が周辺にある。つまり、世界をよく知っていて、コモンセンスを共有し、ムダ遣いはしない外資系や大使館関係者が多いのです。言い換えれば日本一見識の高い人たちが多く住んでいることになります。

そこで彼らにフィットする上質な日常、毎日の潤いを提供するためのカフェをつくりました。

コンセプトは、カルチャー・オブ・リビング。インテリアの一部となる椅子には欧米人に馴染みのあるチャーチチェアを置きました。

イベントは外国人も意識して、餅つきをして鏡餅をつくったり、年末は夜回りをしてもらったり、松飾りの職人を呼んでみたり、伝統的なものを多くしました。

その一方で、自動車界の至宝といえるイタリアのスポーツカー、ブガッティの車を20台並べるイベントをお手伝いしたり、アルペン・クラシック・カーラリーを開催したりもしました。

開店からしばらく経ちましたが、僕らが若者相手にやってきたレベルでは、彼らのライフスタイルを十分には満たすことができていないと感じています。ワイヤードカフェ原宿やSUSでは、おしゃれに敏感なアパレル系の若者や新興ベンチャー企業の人びとなど、比較的若い世代を相手にして成功してきました。しかし、アークヒルズカフェの年齢層はもう少し上で、土地柄からしても日本一の目利きの人たちが集まっているのです。たとえば自転車にしても、インポートのハイクオリティなものでないと、目の肥えたお客さんには納得してもらえません。

ARK HiLLS CAFE
［東京都港区／アークヒルズ内］

料理を出すにしても、ファーマーズマーケットの質のよい野菜を使ったおいしい料理を出さないといけません。安くそこその味が楽しめる店は、ここでは求められていないからです。

週末に森ビルさんが開催しているマルシェ（朝市）はにぎやかになっていますが、平日の夜と週末を満たすコンテンツがまだまだ足りません。富裕層に対してライフスタイルをサポートしようとすると、単に質のよいものを提供するだけでは不十分です。

そこで、知識や教養が豊富な彼らに楽しんでもらうために、車、自転車、コミュニティ・カレッジなど、彼らの知恵をしゃべってもらう場所をつくりたいと思っています。日本一見識高い人びとを満足させるのは、メニューや内装のクオリティよりもむしろ、知識を人に伝えられる場なのではないかと思うのです。

ニューヨークでは、10ドル払えば誰でも教室を開けて、受講者はタダでその話を聞けるという企画があるらしいと聞いたので、アークヒルズカフェでもこれを見習ってみようかと思っています。これは、もう少し若い世代はもちろん、知識や経験が豊かで、気持ちの若い団塊世代のシニアのライフスタイルを満たすためのチャレンジともいえます。ハードルは高いのですが、元気で見識あるシニアに対して貢献できるカフェをつくれるようになれるのではと期待しています。

現役のシニアや、リタイア富裕層を巻き込んだローカル・サポート。高齢化が進む世の中を少しでも元気にすることができればいいなあと思っています。

ビジネスマンにフォーカスを置きすぎたことを反省して、〝カラヤン〟広場にあるという原点に戻り音楽を軸にした文化を発信しようとしています。サントリーホールでは年間を通じて、様々な規模のコンサートをやっているわけですし、アークヒルズカフェでもライブを月に4、5回行うことにしました。

ジャズやラテン・ジャズ、ポルトガルの舞踊、ベリーダンス他世界の音楽と舞踊などをやりはじめたところです。まだまだこれからですが、がんばって継続することで周辺の住民を巻き込んでいこうと思っています。

銀座から5分の大規模カフェ

CAFE；HAUS……原っぱに現れた巨大なカフェ

2010年5月に開業したこのカフェは平日1日300人、週末1日500人が来店し、月に3500万円ほどの売上があります。売上利益は、日本で最大級のカフェと自負しています。

きっかけは、僕のセミナーに参加したラフリンクの桑原さんから、この案件を相談されたこと。2009年の夏でした。大和ハウス工業が豊洲2丁目プロジェクトを企画していて、保育園・幼児園とカフェを誘致したいということでした。

現地に行ってみると、だだっ広いところに敷地があり、寂しい埋め立て地で、聞いてみると、提案した飲料メーカー、レストランなど5社以上に断られていた場所でした。

理由としては人通りが少なく、地下鉄豊洲駅で降りた人は、ららぽーと豊洲の先まで足を伸ばさないからだそうです。

たしかに、駅と原っぱとタワーマンションしかない。ららぽーとが街に背を向けている。何もないから人通りも少ない。この第一印象では普通は出店するのは難しいと思うでしょう。そこでじっくり観察してみました。

まずは駅。常に工事をしていて、改札や階段、出口を増やしています。当初の見込みよりも住人の増加ペースが早いということがわかりました。

調べてみると、その時点でマンションは計画の6割ほどしかできていなかったのです。この街にはまだ、どんどん賑やかになる可能性があると思いました。

そして〝銀座から5分〟というコピーのマンションのチラシを見て、ここに住もうと思う人たちのイメージがわいてきました。

聞き込み調査をしたところ、勤務先は有名企業、出身は地方都市、という人が多いことがわかりました。これでまたひとつ、イメージがつかめました。

地元のスーパーマーケットをのぞくと、大きな発見がありました。センスのいいワインセレクションがあり、チーズも品揃えがいい。きゅうりは量り売りと2本パック。以前も書きましたが、きゅうりの売り方ひとつでターゲットがわかります。2本パックということはこのスーパーマーケットのお客さんは、夫婦2人のDINKSで、ワインやチーズの品揃えのよさから、きわめてトレンドに敏感な人たちだと想像できるわけです。

豊洲の持つ可能性

豊洲はもともと埋立地で、石川島播磨重工業(現在のIHI)の工場や火力発電所、流通設備があり、東京の裏方として利用されてきたところです。1988年に有楽町線の新富町駅~新木場駅が開通して、沿線の利便性が見直され、2006年には、ららぽーと豊洲が開業し、高層マンションの開発も進みました。

キッザニア東京で知られる商業施設、ららぽーと豊洲は、アーバンドックと名づけたのですから当然かもしれませんが、海に向かっていて、ファミリーが車でショッピングに来るつくりになっています。地域住民に向かって開いていないのです。ですから、この大きな施設も、地域の活性化には繋がりませんでした。

CAFE;HAUS
[東京都江東区／豊洲]

さらに近隣の住民を観察していくうちに、ある発見がありました。バギー（ベビーカー）を押しているご婦人が多いのです。DINKSだけでなく、小さなお子さんが生まれたご夫婦が住んでいる。

ここでも徹底的に観察したところ、バギーが高級品でブランド物ばかりなのです。さらに、通行人の女性たちはメイクもばっちりして、ハイヒール。リッチな人が多いといわれる田園調布や二子玉川でも見ないタイプの女性たちでした。

バギーの種類を記録してみたところ、バガブーという海外ブランドで、30万円近くするものもありました。夫婦2人で地方の両親からサポートをもらってマンションを購入した世代で、間違いなく可処分所得の高い人たちが多く住んでいる街だということがわかったのです。

見えない声を聞く

リサーチから浮かび上がってきたターゲットに合わせて、入り口は幅の広いスロープに。店内はゆったりとしたレイアウトにして、ベビーカーをテーブルの横に置いても邪魔にならない空間にしました。１３０坪１６０席という、都心では考えられないほど大規模のカフェですが、毎日賑わっています。あたりは殺風景な埋立地でしたので、外側は芝生や木を植えて、緑の環境をつくりました。

メニューはベーシックなメニューに彩りを加えた、みんなが楽しめるアメリカ料理です。都心の緑の中で、本物のバーベキューを提供したいということで、バーベキューの権威を呼んできて、みんなで検定をとりました。

お客さんは予想どおり、昼間は近隣に住む女性たちがバギーを押してやってきま

バーベキューマスターによる本格バーベキューのデモンストレーション。

す。週末はファミリーがバーベキューを楽しんでくれています。平日夜は近隣のビジネスマンが、バーベキュー合コンなどをして賑わっています。雨でもテントを張ってバーベキューをできるようにしました。小さなお子様連れのママさんが多いので、ベビーマッサージ教室を定期的にやっています。

また若いファミリーをターゲットに、親子で参加できるDIY&ペインティングの体験プログラムを開催したり、女性をターゲットにしたフラワーレッスン、パンづくり教室、テーブルコーディネートレッスンなどもやっています。

子どもが増えて今のマンションが手狭になり、新たに一軒家を買う可能性のある若い夫婦が多いので、シックハウスやファイナンシャルプランなど真面目なテーマを扱うイベントも数多くやりました。

企業と究極のコラボレーション

お店の名前のカフェハウス(CAFE:HAUS)はドイツ語で、カフェとリビングルームを意識したスペース、ハウスを融合させたことに由来します。

このカフェでは、大和ハウスならではの取り組みとして、近隣住民が将来は一戸建の住宅に移ることを想定して、住宅関連メーカー14社のショールームの機能を持たせました。照明はパナソニック電工株式会社、室内緑化は大和リース、キッチンはサンウェーブ工業株式会社、厨房はSWキッチンテクノ、内装ガラスとミラーは旭硝子・AGCグラスプロダクツ、衛生機器はINAX、窓はYKK AP、ロールスクリーンはトーソー株式会社、屋上緑化はロンシール工業株式会社、ウッドデッキは北三株式会社、AV機器は日本ビクター、システム収納はダイワラクダ工業株式会社、壁紙・塗料はカラーワークスに協力してもらいました。

狙いは、建材メーカーとお客様の距離を近づけることでした。お客さんから直接いろいろな声を聞き、それを企業にフィードバックすることで、よりよいものをつくる助けになればいいと思ったのです。普通家を建てるとなると、住宅メーカーや工務店が間に入るので、直接顧客の声を聞くことができません。大和ハウスを中心として、建材メーカーがまとまることで実現した画期的な試みです。

僕の手がけるカフェの特徴とも言えるのが、企業とのコラボレーションです。カフェのフィルターを通して、コミュニケーションできることがたくさんあります。

ただのアンケートでは出ない意見が、慣れ親しんだカフェのスタッフを通せば聞けるのです。カフェハウスの従業員は、サプライヤーやメーカーの商品知識を勉強し、テストを受けてフロアに出ます。興味がありそうなお客さんには「このガラスは最新のエコガラスで、こんな特徴があるんです」と説明できるようにして、さらに深い興味をもってもらうためです。

また、家を建てるということに関連したイベントでは、子どもと壁を塗るイベントで、ガラスにはどんな材質があるかという

客席を退けて、広々とした店内を即席のショールームにした。

専門的な教室をやってみたところ、好評でした。

車のイベントもやりました。ここのお客さんの属性に合わせて、フォルクスワーゲンやハイブリッドカーなどがフィットすると狙い、お店の中に車を展示したりしました。

カフェハウスは優れた住宅をつくるためのアイコンになればいいと思っています。カフェハウスへ行くと未来の住宅が見えてくる。タワーマンションから一戸建てに行く世代の人たちなので、空調や省エネルギーのこと、シックハウスの問題を勉強できる。近い将来、通勤しないで郊外で働くパターンが訪れると思います。その頃、日本の住宅産業が活況を迎えるのではないでしょうか。

ショールームのアンケートではわからない、生の声を双方向でキャッチできるんですよ。

シックハウスは、接着剤だけでなく、建材や木材の防腐加工が原因になることもあり、よく使われる木材保護塗料も毒性が強かったりするんです。シックハウスかシロアリをとるか、ちゃんと伝えてお客さんに選んでもらう。そういった時代になっていますから、情報をきっちり提供して、選んでもらうことが必要です。

立地や、土地のカラーは大きな目で見ますが、最後はミクロな人の目線が大事です。

今の時代、もはや大幅な経済成長はないと言われるように、カフェも含めてビジネスは容易ではありません。そのために気をつけているのは、マーケットのシェアではなくカスタマーシェア、人の気持ちをどれだけ共有してもらえるかということ。ここは大きな店ですが、大事なのはスケールよりもスタイルを提供することです。その街になくてはならないカフェが、僕のつくってきたカフェなのです。

第 5 章

カフェが街をつくる

Chapter 5

Cafes developing the towns

アイディアは遊びの中に

遊ぶことで時代のトレンドをつかむ

遊ばざる者働くべからず。

これは僕の持論であり、98年に出たパタゴニアの理念とヒストリーを特集した雑誌のタイトルにもありました。

仕事をするためには勉強すればいい。本や雑誌、ウェブなどを使えば手っ取り早く、必要な知識を必要なだけ得ることができます。でも、見聞きしただけではその本質を知ることはできません。知識として知っていても、経験しないとわからないのです。

仕事では縁がない人と、遊びを通じ関わり合うことでしか理解できないこともたくさんありますし、実際に体験することでもっと知りたいという欲が出てきます。時には高校生の女の子にだって教わることもあります。

仕事だと立場や会社の看板、肩書があって、自分より年少の人に教えてもらうことはなかなか難しいですよね。けれども、遊びとなれば、そういったものを取り払って素直にコミュニケーションできますし、仕事とは違う学びがあるのではないでしょうか。

そこで学んだことや経験したことのおかげで、嫌なことがあっても一所懸命できたりして、いずれ遊びが仕事に返ってくる。仕事ではなく遊びだからこそ、大事なことをたくさん得ることができる。遊びは若者のためにだけあるのではありません。年齢を重ねれば重ねるほど、真摯に向かい合うことのできる遊びが大事になってくると思います。

遊ぶことで、僕はカフェのプロデューサーという仕事の目線から離れることができ、素の自分を取り戻して、情報や時代感を把握しています。時間を共有することは、若い子を含めていろんな世代の人びとが持つ時代感を共有すること。そうすることで、若者たちもシニアもターゲットにした店づくりができたのです。

趣味のひとつである車は、僕らの世代では10代からの憧れでした。僕はデザインのいい60年代あたりの車が好きで、最近では日本初のクラシックカーによるターマックラリーを主催するまでになりました。

クラッシクカーは金持ちの道楽などと言われてしまうこともあるのですが、僕は文化のひとつだと考え、それを継承していきたいと思っています。そしてそのことが、新たな価値を地域に展開し、活性化することに繋がるのでないかと思っています。クラシックカーを持っていて、ラリーに出たがっている人は多いですが、僕の場合、開催する側にまでなってしまいました。車以外に、サーフィンや釣りも僕の趣味です。サーフィンと釣りは、自然と対話するためにやっています。

サーフィンは海ではまさに自然のダイナミズムを体感することができます。

釣りはボクはもっぱらフライフィッシングなのですが、自然と会話しながらするスポーツです。釣りでも魚とファイトするみたいなスタイルもあるけど、僕はその領域には惹かれません。フライフィッシングの醍醐味は、季節や時間で、川の環境がどう変わっているかを知ることです。魚が餌とする虫たちが、どういう孵化をするとか、どっちを向いて成虫として河底からあがってくるか、どの時期にどんなバッタが飛んでカベに落ちるといったことを学ぶことになります。かげろうや水棲昆虫のことを知り、実際に見ることのできない川の生態を理解して、山の変化も知ることになります。キャッチ・アンド・リリースが基本ですから、釣った魚がもし弱っていれば、水の流れにあてながら、回復を待ったりします。道具も必要ですが、その使い方だけでなく、自然について学ばなければいけないこと、実際の体験でわかることがたくさんあるのです。

僕は自転車も大好きです。2013年の春からは、アークヒルズのカラヤン広場で自転車のイベントを始めました。

どんなイベントかというと、多摩川にかかる関戸橋で昔から開かれている自転車フリーマーケットを、都心の真ん中に持ってこようという試みです。

イベントの目玉は、自転車を組み立てるビルダーと呼ばれる達人たち。自転車好きの人たちが集まって、ビルダーから、このフレームにはこのペダルがいい、この年代に合うのはこれだよとアドバイスがもらえたり、チューニングしてもらえたりするのです。

僕と同じ自転車好きの人たちのために、普段接することのないビルダーという業種の人と触れ合うことのできる場所、これをつくろうと計画しています。

これに関連して、サイクリストとしても有名な建築家の千葉学さんが若手建築家を集めて、自転車スタンドのデザインコンペなども開催する予定です。

他にも、自転車の楽しさを体験してもらおうと、皇居や神谷町のアップダウンを走る企画も予定しています。このイベントを通じて、健康と環境のために車ではなく自転車を利用する、都心でのライフモデルを提案したいのです。

自転車は環境にもやさしく、都心では電車に乗るより自転車が便利なことが多いので、これから定着していくことは間違いないと思うのですが、もちろん課題もあります。

ブームにより自転車がたくさん消費されている一方で、リサイクルやリユースはまだまだ未発達です。また、ヨーロッパと違って街が自転車に対する機能を持っていません。駐輪場や自転車ステーションが少なく、自転車専用道路もありません。

ヨーロッパの一部では自動車の利用を郊外にとどめて、中心部での自転車と路面電車の利用が注目されていますが、日本でそれを取り入れるにはインフラの整備をはじめ、様々な機能が必要となります。

歴史や文化も学べ

僕の言う遊びは、遊ぶ行為そのもの、たとえば釣る行為そのものだけを言っているのではありません。

遊ぶときには道具が必要です。道具というのは、釣具だったり、フライだったり、ウェアだったりするのですが、その選び方や見極める手法を含めてこそ遊びなのです。フライフィッシングに行くなら釣具だけでなく、どんなウェアで行くのかも疎かにしてはダメなのです。そこには先人たちがつくってきた文化があるのですから、それをリスペクトして継承していかなくてはいけません。大事にしているのは、その道の先駆者や発端となった出来事です。

僕の趣味のひとつ、車を例にとってみます。車には様々な技術が詰め込まれていますが、その技術は一朝一夕にできたものではありません。長い時間の積み重ねこそが、現在の技術をつくりあげたのです。その過程には産業革命をはじめとした技術革新が幾度もありました。

車を普及させるために、車をスポーツのひとつ、遊びの一環として位置づけたという背景もあります。車が発明される前には乗馬や馬車が移動手段として主なものでしたから、車が生まれて世の中がどう変化したのか知りたくて、貴族社会について勉強したこともありました。

そうして遊びにどん欲になることで、興味の範囲が遊びを中心として広がり、歴史や文化を学ぶことに繋がります。それは、仕事一本では絶対に触れることのなかったものばかりです。一生懸命遊ぶということは、お金を払って遊びの背景にある歴史や、その遊びに継承されてきた考え方を身につけるということです。一生懸命になることのできる遊びには、文化的価値やスピリットがありますから、お金をかける価値があるのです。

最近では、企業の出す商品そのものにお金を出すというよりは、企業のもつ考え方に共感し、それを支持して購入するというスタイルの時代になりました。パタゴニアやスノーピークなどはその代表的な企業です。価格は高くても一定のファンに支持され、それがブランド化しているのです。

そこで、こういう時代だからこそ、遊びの精神が重要になってくると思うのです。遊びは、文化的な感覚を磨き、洗練された考えを生みます。

日本は大量生産、大量消費の時代を経て経済大国になれましたが、まだ文化的な意味での先進国にはなれていないように思います。大量消費を経験した僕らだからこそ、伝えたいことがあります。大人は若者の見本となるように考え方を変えなければなりません。これはいい、これは悪いと単純な二元論で判断するのではなく、文化の多様性を見てもらいたいのです。そのために、大人が「遊ぶ」ことがぜひとも必要です。

多様性を取り込める社会になってこそ、個人個人のライフスタイルが生まれます。個々人が満足できるライフスタイル、それを表現できるのが、僕にとってのカフェなのです。

多様性からコミュニティの再生へ

近頃、日本人のコミュニティの力が衰えてきたと言われます。それは、もちろん都市化、核家族化、インターネットの普及など様々な理由があると思いますが、街のコミュニティが、失われてしまったことが大きいのではないでしょうか。

経済力が上がったとしても、コミュニティの力が下がってしまえば、それは国の衰退だと僕は思います。コミュニティ・ハブとなるカフェをつくり、人と人が繋がっていくのを目の当たりにする中で、僕はカフェを通して、街のコミュニティを復活させたいと思うようになりました。そのために、行政や第三セクターとアライアンスを組みたいと考えています。僕の目指すような街づくりカフェには、行政や自治体の協力が必要なのではないかと思うのです。

街を活性化させるためにカフェをつくる、商店街を繋ぐためにカフェをつくる、そういう精神を持った自治体が出てきてくれるといいと思います。Uターン、Iターンする仕事を探している若者にとっても、住んでいるところにカフェがあるのはとてもよいことです。また、若者たちの就職先がそういったカフェでもいいのではないでしょうか。

最近、若者を見ていていい発想をするなと思ったのは、「カフェから新しいファッションを発信して世界と関わりたい」とカフェをいろいろな形で使おうと考えていることです。

カフェでの活動を通して街や企業と関わったり、自己実現したいと思っている若者が増えていることは、僕にとってとても喜ばしいことです。接客をしているときに、素直に「こんにちは」と言える若者、彼らが街のコミュニティの力を再生していってくれるのではと期待しています。

THE POSSIBILITIES
FOR THE TRI-SECTOR
CENTERED AROUND THE CAFÉ

街のコミュニケーションを復元する

街づくりに欠かせないもの

昔は、1階で八百屋さんや豆腐屋さんをやっていて、その2階に住んでいるような人々がたくさんいました。またおじいちゃんも孫も、いくつかの世代が一緒に住んでいました。人と人のコミュニケーションが網の目のように広がっていて、中にはおせっかいな人もいる。村社会のような相互扶助的機能が移行したような街がありました。

ところが、経済発展によって生業が郊外に移り、職場まで車で行くようになる。そうして街は衰退し、人と人との関わりが薄くなってしまった。本来、顔を見ながら、触れ合いながら、というのがコミュニティの原点でしたが、今は多くの街でそういう場がなく、街からコミュニケーションの場が失われてしまいました。

僕はこのことに危機感を感じているのです。集会所も子ども会も市場もなく、コンビニやファミレスだけになり、駅の周りだけに商業が集まる。単に商店街など街の機能が衰退しているだけでなく、コミュニケーションをとる機会がない。

数々の街が、そういった状況にあると思うのです。

カフェはコミュニケーションを取り戻すための装置になり得ます。コミュニケーションのきっかけをつくるのがカフェの仕事です。

よく「街づくり」という言葉が使われていますよね。不動産のデベロッパーや、地域再生を語る行政の人ですら、街づくりという言葉を使います。でも、街づくりって何でしょう？ 何のために街づくりするのでしょう？

僕は、街づくりは、いかに街のコミュニケーションを復元できるかということに尽きるのと思うのです。コミュニケーションの場が欠如している場所が、街づくりを必要としているとも言えます。その能力をもう一度高めるために、カフェが大いに機能すると僕は思います。

行政の「街づくり」があまりうまくいかないのは、その土地ごとの多様性を見ないからだと思います。税金をたくさん使って建てた建物なのに、閑古鳥が鳴いている……というニュースをよく耳にしますが、つくって終わりだからそうなるのです。

たとえば、将棋や碁を打つ人がまったくいないところにそのための施設をつくっても、人は集まってきません。もっと地元に住んでいる人の日常に根ざすものが必要なのです。

地元の人が気軽に集まれるカフェ、たとえばシニアがいろいろ教えてくれる場があったら、地域のコミュニティにとって素晴らしいのではないかと思います。

その場所を行政が提供したり、使われていない施設を有効に使えたらいいのに……といつも思います。

僕のルーツは10代にあります。僕の故郷は神戸の下町で、当時はいわゆる工業地帯でした。人間関係も荒廃していて、犯罪に走る若者もいました。

僕は家に居場所がなくて、よく近所の喫茶店へ行っていました。そこはとても居心地がよく、行くたびに救われた気持ちになったのを覚えています。そこには、近所の人が喫茶店で世間話をし、街全体が人を守っているような感覚がありました。自分の日常の時間を過ごせる場所は、支えにもなります。

速さ、安さ、効率性を追求して、画一的なものばかりになっている今、昭和的な話だけれどこの体験が僕のベースになっています。

ものをつくって売り、お金儲けをする、単なる経済至上主義では、ダメだというのが僕の結論です。人が集まる街の力があれば、そこは安全で治安もよくなる。互いに顔を知っているから、悪さもしなくなる。社会のインフラとして、お祭りや子ども会があり、まとまる社会性があるのが日本のよさではないでしょうか。

カフェのビジネスであり、街づくりでもある

繰り返しになりますが、カフェにとって大切なのはお客さん、または街の人びととどれだけ気持ちを共有できるかということです。

一人ひとりのお客さんにとって心地よいサード・プレイスとなるカフェをつくる。地元の人たちが集まって、共通の趣味を楽しむ、共通の課題や問題をシェアする、そこから地

域の課題や問題を解決するために、何かアクションが生まれていく。

こうして、カフェはコミュニティ・ハブ機能を果たすわけです。そうした地域貢献が生まれる可能性を、カフェは持っています。これが、カフェは飲食業であって飲食業ではないと僕が言う理由です。

大事なのは、その街になくてはならないカフェであること。それこそが僕のつくってきたカフェなのです。

愛され続けるカフェになれるかどうかは、そのカフェが生活の一部になっているか、身内になっているか、ということだと思います。大切なのは、どこまでお客さん側の店になれるかです。

ファミリーレストランは朝から晩までやっていて、営業時間だけ見ればカフェに近いかもしれません。けれど、そこの従業員はアルバイトやパートの人。そこにはマニュアル通りの接客しかありませんし、それ以上はやってはいけない。

でも、カフェの接客は違いますよね。人と人とのコミュニケーションがあります。これは、ファミリーレストランとも、コーヒーチェーン店とも違う距離感です。おせっかいもできる空気感があるのが、僕たちのつくってきたサード・プレイスです。

僕たちの店は、単に愛される店であることを超えてほしいと思います。愛される店を超えるということは、要するにお客さんに愛されるより、お客さんの生活の一部になることです。僕たちのカフェが、お客さんたちの生活の場になれたらいいと思うのです。

THE POSSIBILITIES
FOR THE TRI-SECTOR
CENTERED AROUND THE CAFÉ

地域活性化、文化の創造、発信の場

カフェ以外でのチャレンジ

カフェだけでなく、商業施設も手掛けました。僕の仕事において、マイルストーンとなったのは、カルチュア・コンビニエンスクラブ（以下ＣＣＣ）の増田宗昭さんとつくった六本木ヒルズのＴＳＵＴＡＹＡ ＴＯＫＹＯ ＲＯＰＰＯＮＧＩ（以下ＴＴＲ）です。

簡単に言えば、スターバックスコーヒーとＴＳＵＴＡＹＡがコラボレーションして、ブック＆カフェをつくったのです。

ＴＴＲをつくった六本木ヒルズのスペースは、当初高級家具のテナントを入れるつもりで設計された場所でした。それを押し退けて、コミュニティ・ハブとしてのブック＆カフェをつくろうと、ＣＣＣの増田さんに連れていかれ、森ビルさんにプレゼンしたのです。

その辺りに住んでいる人は外資系・金融系のこんな人という想定をして、センスのいい本を置きレンタルもできるブック&カフェとして、近隣住人のサード・プレイスにしようと思ったのです。

店内の設計は意識的にスタジアム型にしてあります。エントランスから扇状に上げて、本棚と本が外からも見えるようにしました。お店に行ってもらえばわかるのですが、奥の本棚まで行くには一段上がる構造になっています。フラットにしてしまうと、本が見えなくなり、外から書店であることがわからないのです。

六本木から芋洗坂とけやき坂、麻布十番からけやき坂下へ繋がる、周辺住民にとっての玄関といえる場所に、にぎわいと人並みをつくりたかったのです。

関わったのは増田宗昭さん、石川次郎さん、スターバックスの角田雄二さん、佐藤可士和さんというそうそうたるメンバーで、調整が大変でしたが、面白い体験でした。ニューヨークにはバーンズ&ノーブルなど、コーヒーが飲める書店は既にありましたが、本格的なブック&カフェは日本ではじめてで、「コーヒーをこぼして本が汚れたらどうする?」なんて議論したこともあります。

ブック&カフェの雛形をつくったことで、CCCに限らず、様々な商業施設でブック&カフェが展開されていますが、形だけではなくもっとコミュニティの機能も取り入れてくれるといいですね。たとえば詩の朗読会をやる、ライブをやるなど、人が集まり、文化が育つ場所になってほしいと思います。

TTRに取り組んでいる頃、東急電鉄の紹介で思ってもみない依頼がありました。都民銀行から、お客にもっと寄り添いたい、そのために何かしたいということでした。それで、駒沢大学の駅前にある都民銀行にカフェを併設しましょうと、ダメもとで大胆な提案をしました。

他の役員が顔をしかめるなか、当時の頭取だけがおおいに賛成してくれて、ピープルズカフェができました。カフェを通らないと銀行に入れないようにして、支店で働く女性には、制服を私服にしてもらいました。銀行のお客さんにもカフェの店員は挨拶をし、声をかける。銀行の手続きの間、ベビーカーを預かったり、銀行待ちのお客さんにコブ茶を出したり、地域密着型のカフェとなりました。

双方の業務範囲の線引きなど課題は多かったとはいえ、地元の方に支持されたおかげで、都民銀行で口座開設がやたらと増えました。それを聞いた他の銀行の方が、お店にまで見にきたこともあります。

このときは、僕にとっても珍しい仕事でしたが、地元に密着するという目的を果たすことができ、都民銀行の方に非常に喜んでもらえました。

ここから、なかなか簡単なことではありませんが、信用金庫など地域に根ざす金融機関にカフェをぜひ取り入れてほしいと思うようになりました。

リゾートをプロデュース

リゾートをプロデュースするという大きな案件もやりました。

遊ぶことが仕事に繋がるというのをまさに実践できるケースとなりました。TRIFというリゾート施設で、文字どおりTRYするところ、という意味合いで名前をつけました。

リゾートへ行ったらみなさん何をしますか？　おいしいものを食べて、温泉に入ったり、エステでリラックスするぐらいですよね。それもいいと思うのですが、そのスタイルは、実は100年ぐらい変わってないのです。熱海が開発されて、新婚旅行のメッカになった時代から同じです。

そこで、河口湖のそばにあり、都心から車で数時間という場所に、本格的なライフスタイルを体験できる場所をつくろうと考えました。アウトドア、マウンテンバイク、農業、陶芸、フライフィッシング、ロッククライミングなど、一般的に少しハードルが高い趣味を、それぞれのスペシャリストを招いて、遊びを実体験するというものです。食事やエステ、温泉のようなサービスも大事ですが、さらにそこにプラスアルファをすることで、コミュニティができて、リピーターが増えるのではないかと思ったのです。デベロッパー(開発業者)本位のタイムシェアリングのリゾートは売る側の都合でつくられたものですが、TRIFは利用する側、遊ぶ側の目線でつくりました。新たな日本人のリゾートトライフを具現化することができ、タイラー・ブリュレの『MONOCLE』という雑誌に取り上げてもらえました。残念ながらファンドがコケて4年で閉じてしまいましたが、いつか復活するといいなあと思っています。

TTRは住む人も働く人も利用できる六本木ヒルズのサード・プレイスとなりました。

都民銀行のように地元に根づく信用金庫のような場所にカフェを併設すればコミュニティ・ハブになれる可能性があると思います。

ＴＲＩＦはリゾートにおいて、遊びを共有することによりそこにコミュニティができること、遊びであればよりコミュニティ化が加速することを確認できました。楽しいことで繋がるのはあっと言う間ですね。カフェ以外の業態でも街づくりに貢献できるものがあればチャレンジしたいと考えていますが、今日カフェほど日常に寄り添い、サード・プレイスとなってコミュニティづくりや街づくりに貢献できる業態はありません。

街おこしとカフェ

２００３年に東急電鉄にたまプラーザ駅、あざみ野、鷺沼と発展段階に合わせて全体の開発を提案しました。

田園都市線の駅を「地元密着駅」「乗換駅」「広域拠点駅」の３つに分類し、それぞれの機能を再構築することによって、カフェと同じく、生活者の視点、街の視点を駅ごとに整理したのです。駅周辺で、平日、週末、午前、午後、夜間と区切って、地域の住民の方々を観察しました。飲食店、物販施設、サービス系商業もリサーチしました。その結果、たまプラーザ駅を中心としたユニバーサルタウン、グリーンガーデンシティを構想しました。

駅周辺には回遊性が生まれるように小径をつくり、カフェを配置して、コミュニティが活性化される環境をつくりたいと提案しました。僕は今流行の駅の画一的な商業施設化には懐疑的です。それによりどこの駅も無個性化し魅力がなくなってしまった。駅周辺が寂れてしまい、地域の特性が失われてしまいます。鉄道の事業者は駅周辺の不動産価値を上げるために、駅ビル商業施設・サービスに力を入れていますが、間違った方向に進んでいると思います。僕の理想は、駅の周りにタクシーやバスを近づけるのではなく、後背地から人が歩いてくるような街です。そこには地域の特性があり、元気な商店が生き残る。カフェが東西南北に一軒ずつあって、文字どおり地域に暮らす一人ひとりにとってサード・プレイスとして存在し、コミュニティの形成を担う。カフェが地域コミュニティのサークルやボランティアや社会活動のハブとしての機能を果たすというわけです。

現実はそういった方向で街づくりはされていないのが残念です。

コミニティ能力は日本人のよさではないか

日本人のコミュニティの力を感じたのは、ニューヨークにいたときでした。アベニューAの周辺、駐在員や家族などが集まる場所がありました。その頃の景気もよかったせいか、日本人経営の店も多く、みんなが助け合ったり、遊ぶ場所ができていました。ほぼ単一民族で育った日本人のDNAに根ざすコミュニティ形成力を感じたのです。

アメリカやヨーロッパは多様な民族がそれぞれ主張し合いコミュニティを形成していますが、日本人は表だって争わず調和する民族だと思います。昭和の頃までは、たとえばお祭りや、地域の子ども会、集会所など街中に独自のコミュニティがありました。しかし、経済成長や核家族化により、欧米に近いライフスタイルになり、地域のコミュニケーションの場の多くは失われてしまいました。

日本人は村社会がベースの文化であり、それは今も変わらないはずです。元々コミュニティづくりは苦手ではないはずなのです。経済第一主義、効率追及といった流れがコミュニティの力を弱めてしまったという気がします。

カフェは文化である

19世紀末から20世紀初頭のパリで、芸術家や文人がカフェに夜な夜な集まっていました。タイムマシンがあれば、みながどんな装いで集まっていたか見に行ってみたいのですが、侃々諤々の議論を交わし、コミュニティとして文化を創造していったのだと想像します。

それに比べると日本のカフェの歴史はまだ浅いですが、長けたコミュニティ能力を持つ日本人はこれからコミュニティを形成していくでしょう。カフェには常に人が集まり、そこからサークルやイベントなどが行われるようになる。これが街づくりのベースとなり、文化を創造していくのです。

僕は常に街の成長や時代の流れに目を向け、その街の人々が求めるコミュニティ・ハブとしてのカフェをつくっていき、これから時代を動かしていく若者たちにはその可能性を広げていってほしいです。そのためにも、僕はダイエー時代から培ってきた知識や技術をもっと伝えていきたい。今後彼らのつくったカフェが、地域活性化に一役担うのはもちろん、文化の創造、発信の場として機能してくれることを大いに期待しています。

第 6 章

カフェが社会をつくる

Chapter 6

Cafes developing the society

コミュニティ型カフェをつくるには？

従来のカフェとコミュニティ型カフェの違い

かつてのカフェブームにあるように、カフェづくりについては歴史や文化、経営などの側面では多くの議論がされてきました。けれども、僕が長らく関わってきた「カフェを通した街づくり」について、そしてカフェが持つ可能性については、まだ議論の余地があるように感じています。

地域性を読み込み、持続的な収益を産みながら、地域に貢献する社会性を持つ「コミュニティ型カフェ」は、従来の外食産業や飲食業とは異なります（ここではＮＰＯや自治体の支援を受けている従来のコミュニティカフェと区別するために、コミュニティ型カフェと呼びます）。

営業時間が長く、飲食できアルコールなどの提供もある、いわゆる皆さんがイメージする「カフェ」とは違い、「コミュニティ型カフェ」は飲食業の一種でありながら、食べ物のおいしさやコーヒーのおいしさを追求しているものではないんです。もちろん、おいしい食事やコーヒーを提供することが望ましいですし、さらに行列の絶えない人気の店となれば、大きな利益を得ることもできるでしょう。

コミュニティ型カフェは、カフェと違い地域性、収益性、社会性を伴うことが大切なんです。この点から豊洲のカフェハウスはコミュニティ型カフェのひとつと言えます。

すでに第1章で紹介したカフェづくりの手法とコミュニティ型カフェのつくり方は、基本的には同じです。この章では、考え方のポイントを紹介したいと思います。

地域性を知る

まず地域性をよく知ること。これから出店する地域で、カフェに求められている機能は何なのか、徹底的に分析するところから始めます。そのエリア一体の「街」「店」「人」を観察するのです。そこから、カフェをどのように開発していくか方向性を導き出していきます。

飲食店やカフェを出店するとき、一般には地域調査やマーケティングは、駅からの距離や店前の交通量などの定量分析、想定顧客に支持されるであろうメニュー内容や商品単価を定性分析に落とし込むことが多いでしょう。

これを「鳥の目線」とするならば、僕の場合はより「人の目線」を大切にしているんです。現地へ何度も足を運んで、街も店も人も何百枚も写真を撮って詳細に分析します。どんな街で、どんな店で、どんな人がここで生活していて、どんなライフスタイルを送っているのか、徹底的に観察するのです。その上で、今後の動向を予想し、カフェに必要な機能が一体何なのかを導き出します。その機能を活かすためにカフェのコンセプト、建築やデザイン、サービスやマーチャンダイジングを構築していきます。

この手法によって、地域住民や近隣企業などから構成される地域コミュニティに支持され、この地域コミュニティの中心＝ハブとして機能するようになっていくのです。こうしてこの地域での密接なつながりや信頼関係を築くことができるのです。

空間づくりのポイント

ハード面である空間づくりは、一言で言えば近隣住民が使う多目的ホールになること。具体的に言うと、固定された家具や備品を設置せず、椅子やテーブルは可動式がよいでしょう。そうすることで用途に応じてひとつの大きな空間をつくることができます。その場所をパーティーやイベント、ワークショップなどで利用することを踏まえ、多種多様な要望に合わせられるようにします。従来のカフェでは、固定式のソファー席や大きなメインテーブルを配置した設計が多く見受けられます。その場合、多くの参加者が想定されているイベントには適しません。

装飾も簡素なものが望ましいでしょう。そうすることで、たとえば地域企業が説明会や展示会などに利用することもできるでしょう。

また広いスペースを意識することも大切。たとえば、子連れの地域住民が多い地域では、バギーでも問題なく入店できるスロープのついたファザードをつくるなど、地域性に合わせて建築やデザインを意識するようにしましょう。近隣住民にとっても企業にとっても、利用しやすい場所づくりを目指します。

働く人の役割

カフェに来る人にとって、気軽にくつろげる場所であることが重要。そのためには、そこで働くスタッフとの関係性が大切です。星付きレストランのソムリエとお客さんのような緊張感のある関係ではなく、お互いがフラットになる関係性が望ましいでしょう。スタッフとお客さんとの間で日常的にコミュニケーションをとることで、お客さんの目線に合わせたサービスを提供できるのです。

新規オープンの際は、スタッフたちで近所の交番へ挨拶に行ったり、地域住民の方々にチラシを配ったりします。開店日や営業時間などお店の案内をするだけでなく、他にも継続的にコミュニケーションをとりながら、ゴミ拾いやボランティアイベントなど、街のためになるようなイベントに積極的に参加するといいでしょう。

スタッフがお客さんと親しくなることで、オープン前に想定していた顧客の地域性や特性、属性やライフスタイルなどより深く理解することができます。それは利用の時間帯やシーン、料理やドリンクの好み、カフェでの過ごし方、家族や友人との関係性、子育ての仕方など様々です。

また、コミュニケーションや関係性によって、何かお客さんが困ったことがあれば、その状況が見えるようになります。

たとえば、子育てについて不安や課題を抱えているお客さんのために、ベビーヨガや食育などについて学べるワークショップを開催するなどといった地域社会との交流によって、さらにスタッフとお客さんとの関係が活性化され、ますますスタッフの気づきが増えていくという好循環が生まれていくんです。

ほかにも、スタッフたちが飲食の業務以外にもゴミ拾いや地域の祭事にも積極的に参加することで、社会における自分たちの役割を自然と意識するようになります。

近頃では、このような活動を前提に働きたいという人も増えており、僕らの店では他のコーヒーチェーンなどとはまったく違った人材を獲得できています。

こういった土壌は、企業とのプロモーションに活用することもできます。普段のカフェ営業を通じて、スタッフが企業の商品やサービスのよさをお客さんに伝え、地域のニーズや顧客の課題、お客さんの声を企業へフィードバックするという仕組みです。これはスーパーなどとは違い、スタッフたちが地域密着型でコミュニケーションをとることを大切にしていて、お客さんたちと身近な距離感があるからできるんです。

僕らの店では、本部のスタッフや店舗の店長が地域の自治会メンバーや役員となって、深く地域社会と繋がりや交流をもち、ここで聞き出した地域社会の課題やニーズに合わせたプロモーションを企業へ提案しています。本部スタッフが店舗の営業課題を抽出するだけでなく、こうした企業とのコラボレーションにつながる顧客情報やニーズを聞き出す仕組みがあるのです。

3つの良き循環が地域を支える

コミュニティ型カフェを継続的に続けていくためのモデルについて触れましょう。

一般的な飲食業のモデルでは、「客数×客単価＝売上」と捉え、顧客回転数や商品単価、オーダー数などを高めることに注力します。それを踏まえて、出店の立地やメニューの構成、接客サービスを構築していくのが大半でしょう。僕が目指すコミュニティ型カフェでは、従来型のモデルではなく、その地域に合った、地域社会から支持される店づくりに注力します。

次の図にあるような3つの良き循環が、「コミュニティ型カフェ」のさらなる地域独自の魅力を育み、持続性のある収益向上へとつながるのです。

カフェをつくるエリアの地域性を深く読み、その地域に合ったカフェをつくり、地域のコミュニティから支持される店づくりに注力します。地域コミュニティから支持されることで、従来型のカフェでは生み出せない新たな「飲食」売上を生み出すことができるんです。さらに、地域コミュニティのハブとして機能することで生まれる「収益性」の高い「飲食以外の売上」を産んでいくことが期待できます。

具体的には、「企業とのコラボレーション売上」が挙げられます。コミュニティ型カフェを使って、消費者の動向をマーケティグし、ブランディングや商品開発に活かし、その対価として発生する売上のことです。こうした手法ができるのも、コミュニティのハブとして機能しているため、顧客情報の価値が高くなるのです。顧客との高い信頼関係を築いているカフェスタッフが、ブランドや商品について顧客へヒア

地域性 → 収益性 → 社会性という3つの良き循環

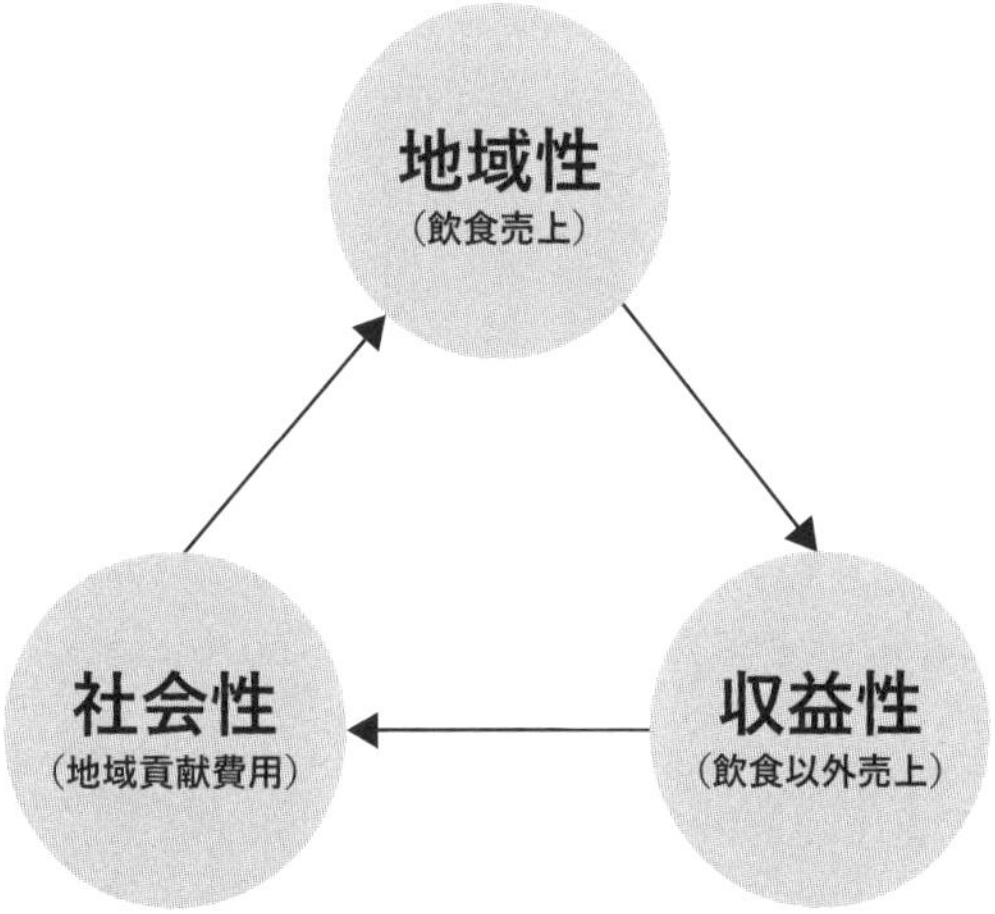

リングすることで、企業が行う市場調査やアンケート調査では浮かび上がってこない付加価値の高い情報を提供することができます。

企業とのコラボレーション売上の収益性は高く、何かを仕入れたりする必要がないため、基本的には原価がかかりません。企画対応するスタッフの人件費がかかる程度です。プロモーションによっては、商品やブランドのイメージに合わせた特別メニューの提供や、店内の装飾を必要とすることもあります。この対応により、さらに収益を上げることもできるでしょう。

第4章で紹介したカフェハウスでの事例がこれに当たります。豊洲のカフェハウスでは、建物の施工、ガラスや窓、家具、キッチンや壁紙など、住宅関連メーカー14社に、初期投資の一部を賄ってもらっています。彼らは、そのコミュニティの中心にあるハブとして機能するであろうカフェハウスが、投資に十分な価値を持つと考えたのです。

協賛企業は自社の商品を提供することにより、カフェハウスを活用したマーケティングや販促、ブランディングを行うことができます。ショールームとしての可能性に対して、自社製品を提供するという形で投資したわけです。

また、僕たちはここで働く社員やアルバイトの採用には、協賛企業の商品知識に関するテストを行い、それに合格しないとカフェハウスで働くことができないようにしました。協賛企業の商品について、お客さんに聞かれても誰もが説明できるよう徹底したのです。

そしてサイクルの最後に当たるのが、「飲食以外の売上」で生まれた収益の一部を、地域コミュニティに還元する「社会性」のある取り組みを行うことです。これが地域のコミュニティ・ハブとしての役割や機能をより強めていきます。

たとえば、カフェハウスでは餅つきや住人参加型のワークショップ、ヨガやコンサートなど様々な人が楽しめるようなイベントを開催しました。これらの各コンテンツは、この地域コミュニティのニーズに合わせた内容を反映しています。他にも年に一回、「カフェハウス感謝祭」と称して、毎年数百人規模の参加者が集まるイベントを行なっています。ここでは、過去に開催され好評だったワークショップをいくつも開催したり、カフェハウスのスタッフがバンドで音楽の演奏をしたりと、老若男女誰もが楽しめるイベントです。参加者の9割以上は、地域住民とその家族というのも、ここがコミュニティの中心である証でしょう。

加えて、祭りや餅つきなどの地域の町内会や既存コミュニティと連動しながら活動を行うのも大切にしています。地域行事に、カフェハウスのようなコミュニティ型カフェが関わることで、失われつつある地域の伝統行事が復活したり活性化したりするのです。これらは地域コミュニティのハブとして機能するための大切な取り組みであり、従来のカフェとはまったく異なる点と言えます。これがコミュニティ型カフェの特徴的な「社会性」のある取り組みです。

こうした取り組みは、地方都市にある中心街の衰退、都市における自治会や子ども会などの地域コミュニティの崩壊、少子高齢化による家族の断絶など、日本社会が抱える問題に対して、貢献できると僕は思っています。

ケーススタディ

The WAREHOUSEとRIVER CAFÉ AND DINING

神奈川県川崎市はご存じの通り、高度経済成長を支えてきた京浜工業地帯があります。現在ＴｈｅＷＡＲＥＨＯＵＳＥがある川崎市川崎区の殿町には、以前は25ヘクタールにもおよぶいすゞ自動車の工場がありました。

殿町は多摩川を挟んだ目の前に羽田空港があります。立地上、殿町から見て対岸である蒲田京急側は羽田空港の恩恵を受けていますが、殿町がある川崎側には、羽田空港を利用する人が足を運ぶような場所がなかったんです。もっと言うと、競馬場やパチンコ屋、焼肉屋とかはあるけれど、羽田空港を利用するインバウンドの人たちが川崎へ行く理由がなかったので、土地がぽっかりと空いていました。

この時参考にしたのが、アジアの医療先進国になったシンガポール。国土も狭く国民の数も少ないシンガポールが、今や世界中の医療研究所が集まる国となりました。シンガポールのように医療関係の集積地が羽田空港の周りにできれば、街が世界中の人で賑わうのではないかと考えたのです。

とはいえ、ただ企業などが集まっただけでは、各国から来た人々は働いているだけで何の賑わいもなく、街での交流も生まれません。このエリア全体のコミュニティの交流を促進するために、カフェが機能するのです。

まず、医療関係の人たちに受け入れてもらえるように、カフェにある家具は、教養のある人たちが好みそうなものを選びました。

それに加え、僕たちが目をつけたのが多摩川の河川敷。空港から100メートルほどで、自然豊かなアウトドアフィールドがあるところなんて、世界を見渡しても他にはなかなかありません。昔は汚染されていたこの川は今では水質も向上し、天然のカニやエビ、鮎や鯉、クロダイなんかも釣れるようになりました。

SUPやカヤックなどの水上スポーツはすでに行われていましたが、羽田空港の目と鼻の先にこんなアウトドアフィールドがあることを、空港を利用する人たちは知りません。それをうまく伝えられないかと考えたんです。

河川敷には、いくつかの社会的な課題がありました。ここには当時2000人あまりのホームレスが住んでいました。また、この河川敷では中学生が殺されるなどの凄惨な事件があった場所でもありました。そんな場所がきれいに生まれ変わって、そしてホームレスをただ排除するのではなく、彼らが社会復帰することができれば、大きな力になると思ったんです。

そこで、カフェのメンバーが中心になってフードバンクをしたり、ホームレスの人たちと一緒に河川敷のゴミ掃除をするプロジェクトを始めました。社会そのものの有り様が変化するようにしたんです。

大和ハウスや東急ホテル、行政である川崎市と一緒になって始めたプロジェクトで、僕たちダブリューズカンパニーはＮＰＯ的な立場となって動きました。河川敷の掃除もそうだし、地域のコミュニティづくりが促進されるような餅つきのようなイベントなどもしました。

ほかにも、この地域には医療系の人たちが多くいることから、彼らの健康志向が高いことに注目し、スポーツ関連のイベントも多数企画しました。

カフェでは「音楽の街川崎」というコンセプトで、地元の人たちが楽しんでもらえるようなライブイベント、SUPヨガ協会とともにカフェの前の芝生を使ってのアクティビティ、バイクや自転車といったこの地域の人が好みそうな製品を持つ企業とコラボレーションした体験型プロモーションイベントなど、常に地域の人々に喜んでもらえるようなイベントが開催されています。

僕はこの川崎の街を見た時、高度経済成長を支えたエリアで、工業地帯だったことが街の記憶としてあるのに、人々の連綿とした暮らしが見えづらいなと思ったんです。最先端医療企業やバイオベンチャー企業がただここに入っただけでは、人々の暮らしは見えないでしょう。

ここは工業地帯であった過去と同じように、今もなお医療で支えられ、次世代へと暮らしが脈々と繋がっているんです。たとえるなら縁の下の力持ちのような存在と言えます。

コストコやららぽーとのような大きな商業施設をつくったとしても、工場の城下町のようなこの地区ではかえって邪魔になるでしょう。

このエリアに必要な場所として、ここ一帯に勤める医療関係の人たちが研究を発表する場や情報交換ができる交流施設などが思いつきました。空港から都心へ移動する必要なく直接会場へ行けるのは、世界を探してもほとんどないでしょう。

またこの地域はＳＤＧｓの視点からも先進的な取り組みを始めているんです。使用済みプラスチックを水素へとリサイクルし、水素で発電した電力を電気や給湯設備の熱として一部活用しています。

こういった取り組みが可能だったのも、この地域が元々工業地帯であり、パイプラインなどの設備が整っていたからなんです。かつて高度経済成長を支えたこのエリアが、今では日本の最先端医療のイノベーション拠点へと成長したのです。

２０２１年の東京オリンピックには間に合いませんでしたが、２０２２年ついに羽田空港と川崎市殿町をつなぐ「多摩川スカイブリッジ」が開通しました。これからますます国際的なビジネス拠点へと成長していくことが期待されています。

TREX CHIGASAKI OCEAN VILLAGE

神奈川県茅ヶ崎市菱沼海岸にあるゴルフ場で、潰れてしまったゴルフ場を県が買取り、そこから県の委託を受けて、ダイワハウスやGDO茅ヶ崎ゴルフリンクスという企業と共にイノベイティブなゴルフ場をつくろうというのがプロジェクトの発端でした。

一般の人にも、つまり会員ではない人にも利用してもらって、地域の人からも大切にしてもらえるような場所にしようとしたんです。

また、ここは災害が起きた際などに利用する、茅ヶ崎市の指定する広域避難場所でもありました。だからこそ、地域に住むみんなに開かれている、今までにないゴルフ場にしようというコンセプトを掲げました。

もちろん最初は簡単にはいきませんでした。会員の人たちからは反対の声が上がりました。ゴルフ場というのは、そもそも会員の人しか利用できないのが普通なんです。だからまずはゴルフ場に来る人たちの意識から変えていかなければいけなかったんです。

まず僕たちは地元の宝になるような場所を目指し、ゴルフ場のあり方を再定義しました。

ゴルフ場にあるカフェがいろんなイベントを手伝って、一般に開放して会員でない人もゴルフ場に来て楽しめるような取り組みを始めました。

たとえば、朝イチサーフィンをして、午後はゴルフを楽しむ企画。朝茅ヶ崎の漁港に集合して、そこから船に乗って釣り場へ。午後はゴルフ場へ向かいラウンドを楽しむ、というイベントでした。

他にも、ナイトピクニックと題してゴルフ場にイルミネーションを施したり、ゴルフやヨガや食事を楽しめる企画や子ども向けのフットゴルフ、中古クラブ即売出張買取査定会、カヤック体験など、大人も子どもも参加できる様々なイベントを開催しました。

僕たちはＧＤＯの敷地内にある、かつては資材置き場として利用された建物を「ＴＲＥＸ ＣＨＩＧＡＳＡＫＩ ＯＣＥＡＮ ＶＩＬＬＡＧＥ」という遊びと仕事の拠点として使えるコワーキングスペースとして生まれ変わらせました。

ゴルフ以外にも、ここではヨガやサーフィン、ポタリングが楽しめます。サーフボードやカヤック専用のロッカーを完備しているんです。シャワーやテントサウナ、ドックランやバザールもあります。それぞれのライフスタイルに合わせて楽しめるようになっていて、ここをビーチカルチャーの拠点として使ってもらえるようにしたんです。

茅ヶ崎という土地はもともと、小津安二郎などの文化人たちが週末に来て過ごしていた場所なんです。最近では「新しい働き方」なんて言われ方で「ワーケーション」や「多拠点生活」が話題になっていますが、そんな言葉やトレンドが生まれるずっと前から、この場所は都心の人たちが別荘感覚で週末を過ごす場所として使われていたんですよ。そもそもそういう場所としての土壌がここにはあったんです。

その茅ヶ崎本来の土地の記憶を読めば、どんなライフスタイルをこの土地の人が求めているのかわかります。ここにはすでにゴルフ場や波乗りといったコンテンツもある。波があればサーフィンに行って、波がなくなればゴルフに行って、合間に仕事をする。そんなライフスタイルが根付いているんです。

地域のマルシェに寄って買い物をしたり、犬を連れてドックランへ行ったり。ここでそういった生活をしている人を調査したら、蓋を開けてみればほとんどが東京の人だったんです。

僕は今言われている「新しい働き方」は、仕事のスタイルや生活様式の話ではないと思っています。何が軸になるのかを自分に問うこと。自分の生活を豊かにする生き方やライフスタイルはなんなのかということなんだと思っています。

茶屋町カフェ

神奈川県大磯町は江戸時代には東海道の宿場町のひとつであり、それにより栄えた場所です。明治時代以降ここは要人の邸宅や別荘が数多く集まりました。都会に一番近い田舎と言えるかもしれません。海水浴の発祥の地でもあって、養生のために多くの人がここに来ていたんですよ。

今でも大磯町は、別荘として家を持つのではなく、都会の人が田舎暮らしに憧れて移住する人が多くいる街。電通や博報堂といった大手広告代理店やパタゴニアといった、いわゆる教養のある人が来るところです。

ここは歴史的にとても文化レベルの高い街なんですよ。以前は藤博文や大隈重信、陸奥宗光や西園寺公望、吉田茂、島崎藤村といった人たちの家がありました。最近では建築家の中村好文さんなど、たくさんの文化教養人たちがこの地で過ごしています。

駅前にあるミシュランの星付きの料亭は伊藤博文が大好きだったことで有名で、この小さな大磯町というエリアにミシュランやビブグルマンに選ばれた店が4～5店舗もあるんです。

ほかにも貸し農園やＢＢＱ、味噌づくりなんかもできる大磯農園があったり、おいしいパン屋さんがいくつもあったり。全国チェーンの商店はほとんど見当たりません。

そういう背景もあって、ここのプロジェクトは、まず古民家をリノベーションし「茶屋町カフェ」というコミュニティ・カフェをつくりサポートしました。

このカフェで使っている食材の大半は地元のもの。ここでは、近くで獲れた小さくて売り物にならない魚を使ってお寿司をつくったり、近くの農園で収穫が遅れてしまったみかんを使ってビールをつくったりしているんです。

ギャラリーも併設されていて、地元の作家たちの作品が展示されています。カフェではビールやワインなども楽しむことができるので、農園の人たちが打ち上げに使ったり、様々なイベントが開催されたりと、コミュニティ・ハブとしての機能を果たしています。

大磯には「うつわの日」というのがあって、家や建物などを開放して、陶芸家たちが焼いた器を展示し、街歩きをしながら地元の作家たちの器を買うことができるイベントがあるんですが、茶屋町カフェはそのお手伝いもしています。

終 章

カフェが
社会を再生する

Chapter 7

Cafes revitalizing the society

カフェの可能性と未来に向けて

地方から全国を盛り上げていく

鳥取県や島根県に書店を展開している今井書店という書店グループがあります。僕はプロデューサーとして今井書店の再生に関わっています。今の社長である舟木さんは、元住友銀行、CCCや楽天などを経て今井書店の社長をしていて、僕のかつての仕事仲間でもあり、友人でもあります。彼は神戸出身だから、すごくダイナミックな人で、僕の「売るための本屋から過ごすための本屋へ」という言葉に影響を受けたと言ってくれています。ツタヤオンラインをつくった服部さんも関わっています。

プロジェクトに先立って、鳥取県米子市錦町にある店舗を改装しました。

地域の人々の拠点づくりになるように、カフェを貸し会議室として貸し出せるようにしたり、地元企業の人たちが勉強会や宴会をできる場所をつくったりしました。地域の寄り合いのための場がなかったんです。結果は対前年比で本は120％、カフェは200％の売上実績が出ています。

日本では書店の数が減っていますが、書店は街の知性だから残さないといけません。人々の暮らしの中の色々な問題に向き合えるのが書店の役割です。

昔は取次から送られてくる本を置いておけば売れる時代がありました。それではうまくいかなくなって、TSUTAYAと提携してCDやDVDのレンタル事業を始めました。全国にレンタル事業をしている店舗が800店舗くらいありますが、このレンタル事業も今では厳しい状況です。

TSUTAYAでは一部をWeWork型のシェアオフィスにして、顧客の滞留時間を増やし、単価の高い本を売っていくビジネスモデルを始めていますが、こうした方法を取り入れられる書店は、全国にたった数十カ所しかありません。

僕のプロジェクトでは、小さな書店も大きな書店も、郊外の人も地方の人も楽しめる書店をつくろうとしています。それがうまく収益化できれば、全国の書店を生き返らせることができると思うのです。

一部のチェーン店では、レンタル事業を止めた場所をカプセルトイ売り場や100均、古着屋にしているところを見かけます。そんなことをしても、そこにはライフスタイルがありません。

人々の暮らしに寄り添い、文化ある暮らしを体験できるような場所を提供していかないといけません。暮らしの中に本があることを実感できるような場所、そして本の中にあることを身近に体験できるような場所を考えています。

このプロジェクトでは、書店の勤務形態や業務に対する考え方も変えていこうとしています。地方の書店には、30年間勤務しているアルバイトの人もたくさんいるんですよ。こういうところから変えていかないと、書店は儲からないし未来がないと思います。

消失したコミュニティを再生し、未来に繋げる

僕は今、ＪＲ西日本不動産開発とカルマというアーティスト集団と一丸となって取り

組んでいるプロジェクトがあります。「モトコー」と呼ばれる、神戸の元町にある高架下商店街にある使われなくなって廃墟となった建物を再生させるというもの。その中心にある交流拠点は、いつもカフェです。

ここは戦後復興、高度経済成長、そしてバブルを生き抜いた神戸の背骨とも言える場所。ここを軸にして、北野坂、トアロード、旧外国人居留地、南京町、乙仲通、鯉川筋、元町商店街、県庁、メルカロード宇治川商店街へと、雨に濡れずアクセスできる素晴らしい立地です。

周りの人たちから「暗い、汚い、怖い」などと言われているこの高架下は、戦後すぐ闇市が開かれ市井の人の生活を助けた歴史があります。廃墟となった何もないところから、人々がゼロから経済を立ち上げたのです。

高度成長期には、世界一の貿易港として港湾関係者のコミュニティを形成し、日本のファッションやライフスタイルを牽引してきた場所でもあります。

阪神淡路大震災のときは、ここが避難場所として機能していたこともありました。そういった歴史的なこの場所の価値を改めて見直し、今に変換していこうとしています。

プロジェクトの旗揚げとして、まずは過去と未来を繋ぐために、そして地域の人々に改めてこの場所の歴史的な価値を知ってもらうために、期間限定のミュージアムをつくりました。終わりのある儚いミュージアムです。終わりはあるけれど、これをやらない限りその次に続く未来はない、というコンセプトがあり、次に何をするかはもうひとつ先のステップだと考えています。

戦前からの歴史ある高架下をそのまま残す建物の中で、アート作品を体験したり鑑賞したりできるようにしています。ミュージアムそのものも作品として若手クリエイターたちと共につくり上げましたが、作品も高架下にかつてあったものをオマージュしたものや土地の歴史や記憶からインスパイアされたものが並んでいるんです。

物やサービスに溢れ返った今の時代、そしてこれからの未来において、私たちの暮らしや仕事を豊かに支えてくれるものはなんでしょうか？

この展示やこれから行われるさまざまなプロジェクトを通して、足を運んでくれた人た

地元の若者やクリエイターたちとつくり上げた。

ちがそのヒントをここで見つけてくれることを願っています。

神戸は他の都市のような大きなホテルも派手なコンテンツもあるわけではありません。けれども、ここに住む人たちを支えてきた歴史を持つ場所。港町ということもあり、カラフルで国際色豊かで、海へも山へも歩いて行けるこの場所は、類稀な観光地へとなるのではないかと期待しています。街に残る小さな点と点をつなぎ増幅させることができるのが、神戸を東西に突っ切る高架下なのです。

今後の再開発では、地域の課題に寄り添い、経済を育てながら社会課題を解決するための仕掛けを考えています。生活を支えるマーケットがある。高齢者や子どもたちの毎朝のラジオ体操やヨガなどが行える広場があり、交流する場がある。災害時には住民のシェルターとなる。新しく見えるようで、実は過去にモトコーが果たしてきた役割を、現代の形で再解釈し提案しているのです。これからの未来に向けて、この地域の人たちにとって大切な場所になるよう再興していきます。

全国からゲストが集まり、老若男女みなが楽しむイベントに。

このプロジェクトには多くの若手アーティストや事業者たちが関わってくれています。僕からすると、彼らは本質を見抜いているなと感じます。かっこいいかかっこ悪いかだけで挑んでくる若い人たちには刺激をもらいました。予定調和的なことが一切なくて、みんなが納得いくまで取り組むことができました。お金以上に何よりそんな彼らにパワーをもらいましたし、とてもいい勉強になりました。

先の話ですが、ここに新しいカフェができる予定もあります。ミュージアムでは、これからできる未来のカフェの下地をつくりました。

ミュージアムは2023年末で一旦幕を閉じましたが、このプロジェクトはまだまだ続きます。あと5年くらいはかかると思っていて、僕が70歳を過ぎた頃には形になるでしょう。

THE POSSIBILITIES
FOR THE TRI-SECTOR
CENTERED AROUND THE CAFÉ

新しい価値を生み出す

いつも人々が集まる中心にあるもの

前著を出版してから10年以上経ちました。10年の間に日本も世界も様変わりしました。今回合本という形で本を出版しますが、前著の時代背景から大きな変化を感じています。当時は店舗型の独自性のあるカフェがトレンドでした。僕が携わっている仕事の規模も変化したこともあり、今回新たにインフラ的な面を持つ大規模なプロジェクトのカフェも紹介しました。ただ、僕自身やっていることは何も変わっていません。

今回新たにこの本を手に取った若い人たちにも、カフェをつくるチャンスはいつでもどこにでも転がっていると思うんです。仮設型のカフェやワゴンカーでやるようなカフェだっていいんですよ。常設していなくても、イベントであっても、人が集まり交流する場が僕の考えるカフェなんです。

人が集まれる場所があるから、交流が生まれる。「交流拠点」と堅苦しい言い方をすることもありますが、僕から言わせるとそれはつまりカフェのことです。

僕のやっている仕事は、ＷＩＲＥＤ ＣＡＦＥをつくったときからずっと変わりません。

イベントをつくるときだって、いつも真ん中にあるのはカフェなんです。

カフェは、以前は街のインフラの機能を持っていました。必要な場所という意味でのインフラです。高架下や小さな公園、大きなビルの軒先など、みんなが気づいていない活用されていない場所は実はまだまだあります。屋台でコーヒーを売るなど小さくてもいいから、スタイルを持つカフェがあったらいいと思います。

民間、公共、社会という3つの領域、さらにその垣根を越え連携することを指す「トライセクターリーダー」という概念があります。子育てや高齢化など、カフェはその地域の問題に耳をすませ、解決するトライセクターの機能の中心にあります。エシカルやウェルネスを軸にしてみたり。カフェは色々な価値を提供することができます。何かをする場所ではなくて、何かを交流させて、新しい価値を生み出す場所なんです。

おわりに

今まではそれぞれの業種が単独で頑張ってきた時代と言えるかもしれません。

これから日本はどんどん人口も減っていき、経済も縮小していく中で、いろんなインターフェイスを持ちながら、それぞれが自分の強みを活かして活躍できる社会になっていくと思います。そして、そこにはカフェが必要です。

カフェは、「場所」ではなくて「ファンクション＝機能や用途」と言えます。だから、場所ではなくファンクションとして、トライセクターの中心的な役割になることができるんです。

僕が気になっているのは、これからどんどん人口が減っていく中で、たとえば農業従事者をもっと増やしたい、農業をもっと促進したいと思っている人たちと、農家の人たち、放置農家の課題を持っている行政など、垣根を越えた情報交換がないこと。もちろんこうした背景には、税収が少なかったり担い手が少なかったりと色々ありますが、様々な立場の人たちが集まって交流し、それぞれが自分の強みを活かして力を合わせて新しい価値をつくっていかないと、日本の未来はないと思います。

強いものが勝っていく時代ではなく、弱い者たちが力を合わせていくフラジャイルの時代に、少子高齢化や円安の日本はいち早くなっていくと思います。儚さとか弱さとかを持ったみんなが、知恵を使って一致団結していくことになるでしょう。きっとアメリカやカナダ、イギリスなど世界でもそういった動きが起こっていくと思います。

僕が携わったモトコーのプロジェクトでも、そんな人ばかり。一人ひとりの声は大きくなくて控えめだけど世間や社会のことを考えている人たち。一昔前は声が大きくてお金を持っている人が中心になっている時代がありましたが、今は全然いませんね。

日本はこれからジェントリフィケーションの問題もますます顕在化してくるでしょう。貧富の差は激しくなり、都市部はエッセンシャルな働き手たちが住めなくなって、せっかくお店をつくってもどんどん街から人がいなくなる。郊外に住むようになり、ますますガソリンを消費するようになると、それこそ時代と反比例した社会になってしまいます。

そうなる前に、みんなで力を合わせて知恵を出し合い、地方や地価の安いところで、仕掛けをつくって人が集まるような場所をつくる。それが未来のカフェの役割だと思っています。カフェはトライセクターを呼び込むことができるし、小売りの場所でもあります。

どこだって目を向ければカフェをつくるチャンスがあるはずです。場所を超越したカフェづくりに、ぜひチャレンジしてほしいなと思います。

「これから何かおもしろいことをやりたい」、「かっこいいことをやりたい」。そんなことを思っている若い人たちに、カフェをつくるチャンスはいつでもどこでもあるのだとこの本で伝えられたのなら、これ以上嬉しいことはありません。

ブックデザイン　金澤浩二
帯デザイン　永井俊行
編集協力　水島千紗

［著者略歴］
入川ひでと（いりかわ・ひでと）
入川スタイル&ホールディングス 代表取締役社長兼CEO
東急沿線成長戦略、京王電鉄多摩センターエリアブランディング、UNIQLO原宿UT店舗プロデュース、六本木ヒルズTSUTAYA ROPPONGI店舗プロデュース。事業創造においては、（株）カフェカンパニー、（株）ダブリュースカンパニーなど「カフェが街をつくる」をコンセプトに日本全国の地域コミュニティを再生する事業を展開。神奈川県／大磯町、奈良県／東吉野、島根県／浜田市、兵庫県／神戸市などでのコミュニティ再生をカフェなどの開発を通して実践している。青山学院大学、東京経済大学、東京都立大学、などで長期講座を持つ 。テーマは「カフェを通した地域コミュニティの再生」。ソーシャルワークとして「東北震災復興リーダー支援プロジェクト」、「東北起業家 育成・事業構想支援プログラム」などのメンターを長期に渡り実装。

カフェが街《まち》をつくる。そして、社会《しゃかい》をつくる。

2024年2月11日　初版発行

著　者　入川ひでと

発行者　小早川幸一郎

発　行　株式会社クロスメディア・パブリッシング
〒151-0051 東京都渋谷区千駄ヶ谷4-20-3 東栄神宮外苑ビル
https://www.cm-publishing.co.jp
◎本の内容に関するお問い合わせ先：TEL（03）5413-3140／FAX（03）5413-3141

発　売　株式会社インプレス
〒101-0051 東京都千代田区神田神保町一丁目105番地
◎乱丁本・落丁本などのお問い合わせ先：FAX（03）6837-5023
service@impress.co.jp
※古書店で購入されたものについてはお取り替えできません

印刷・製本　中央精版印刷株式会社

 ISBN978-4-295-40934-2　C2034